Freiheits-Büchlein

Jean Paul Richter

Impressum

Autor: Jean Paul Richter
Umschlagkonzept: toepferschumann, Berlin

Verlag: tradition GmbH, Hamburg
ISBN: 978-3-8424-0791-6
Printed in Germany

Ziel der TREDITION CLASSICS ist es, tausende deutsch- und
fremdsprachige Klassiker wieder in Buchform verfügbar zu
machen. Die Werke wurden eingescannt und digitalisiert. Dadurch
können etwaige Fehler nicht komplett ausgeschlossen werden.
Unsere Kooperationspartner und wir von tradition versuchen, die
Werke bestmöglich zu bearbeiten. Sollten Sie trotzdem einen Fehler
finden, bitten wir diesen zu entschuldigen. Die Rechtschreibung der
Originalausgabe wurde unverändert übernommen. Daher können
sich hinsichtlich der Schreibweise Widersprüche zu der heutigen
Rechtschreibung ergeben.

Tucholsky Wagner Zola Scott Schlegel
Turgenev Fonatne Sydow Freud
Wallace Fouqué
Twain Walther von der Vogelweide Freiligrath Friedrich II. von Preußen
Weber Kant Ernst Frey
Fechner Weiße Rose von Fallersleben Richthofen Frommel
Fichte Hölderlin
Engels Fielding Eichendorff Tacitus Dumas
Fehrs Faber Flaubert Eliasberg Ebner Eschenbach
Feuerbach Maximilian I. von Habsburg Fock Eliot Zweig
Ewald Vergil
Goethe London
Mendelssohn Balzac Shakespeare Elisabeth von Österreich
Trackl Lichtenberg Rathenau Dostojewski Ganghofer
Stevenson Hambruch Doyle Gjellerup
Mommsen Tolstoi Lenz Droste-Hülshoff
Thoma Hanrieder
Dach Verne von Arnim Hägele Hauff Humboldt
Reuter Hagen Hauptmann Gautier
Karrillon Garschin Rousseau Baudelaire
Damaschke Defoe Hebbel
Descartes Hegel Kussmaul Herder
Wolfram von Eschenbach Dickens Schopenhauer Rilke George
Bronner Darwin Melville Grimm Jerome Bebel Proust
Campe Horváth Aristoteles
Bismarck Vigny Barlach Voltaire Federer Herodot
Gengenbach Heine
Storm Casanova Tersteegen Grillparzer Georgy
Chamberlain Lessing Langbein Gilm Gryphius
Brentano Lafontaine
Strachwitz Claudius Schiller Kralik Iffland Sokrates
Katharina II. von Rußland Bellamy Schilling
Gerstäcker Raabe Gibbon Tschechow
Löns Hesse Hoffmann Gogol Wilde Vulpius
Luther Heym Hofmannsthal Klee Hölty Morgenstern Gleim
Roth Heyse Klopstock Kleist Goedicke
Luxemburg Puschkin Homer Mörike
La Roche Horaz Musil
Machiavelli Kierkegaard Kraft Kraus
Navarra Aurel Musset Lamprecht Kind Kirchhoff Hugo Moltke
Nestroy Marie de France Laotse Ipsen Liebknecht
Nietzsche Nansen Ringelnatz
Marx Lassalle Gorki Klett Leibniz
von Ossietzky May vom Stein Lawrence Irving
Petalozzi Knigge
Platon Pückler Michelangelo Kafka
Sachs Poe Kock
Liebermann Korolenko
de Sade Praetorius Mistral Zetkin

Der Verlag tradition aus Hamburg veröffentlicht in der Reihe **TREDITION CLASSICS** Werke aus mehr als zwei Jahrtausenden. Diese waren zu einem Großteil vergriffen oder nur noch antiquarisch erhältlich.

Symbolfigur für **TREDITION CLASSICS** ist Johannes Gutenberg (1400 — 1468), der Erfinder des Buchdrucks mit Metalllettern und der Druckerpresse.

Mit der Buchreihe **TREDITION CLASSICS** verfolgt tradition das Ziel, tausende Klassiker der Weltliteratur verschiedener Sprachen wieder als gedruckte Bücher aufzulegen – und das weltweit!

Die Buchreihe dient zur Bewahrung der Literatur und Förderung der Kultur. Sie trägt so dazu bei, dass viele tausend Werke nicht in Vergessenheit geraten.

Jean Pauls

Freiheits-Büchlein;

oder
dessen verbotene Zueignung an den regierenden
Herzog August von Sachsen-Gotha;
dessen Briefwechsel mit ihm; –
und
die Abhandlung über die Preßfreiheit

Nro. I

Untertänigstes Zueignungs-Gesuch, eine Ästhetik betreffend, an
Ihre Durchlaucht den regierenden Herzog August von Sachsen-
Gotha

Gnädigster Herzog,

Schon da Konzipient dieses vor fünf Jahren (und nachher mehrmals) das Glück genoß, *Ihre Durchlaucht* sowohl zu hören, ja zu
lesen, als auch von *Ihnen* gesehen und gelesen zu werden, faßte er
den Entschluß, *Ihnen* etwas Gefeilteres zuzueignen, als er selber ist,
nämlich ein Buch, das er sehr schätzte und wovon ganze große Teile
mit der schicklichsten und richtigsten Manier auf *Ihre Durchlaucht*
anzuwenden wären. Gegenwärtiges leistete dies wirklich; und
Zweifler daran wären wohl leicht durch solche Programmen darin
(anderer gar nicht zu gedenken) einzutreiben, welche die Phantasie,
Poesie, den Witz, Humor und Ähnliches verhandeln.

Dies aber machte nur gar zu leicht, daß Konzipient Ende vorigen
Jahres eine Dedikation verfertigte (sie ist sub Littera A angebogen)
und mit ihr ungewöhnlich genug den Druck des Werkes anheben
ließ, ohne vorher im Geringsten (er will es nicht verhehlen) bei *Ihrer
Durchlaucht* um die Erlaubnis anzuhalten, *Ihnen* die stärksten

Wahrheiten zu sagen, und zwar angenehme, – welche rechten Menschen oft schwerer zu hören wie zu sagen fallen als sehr bittere.

Allerdings schützt Dedikant nicht ohne Grund vor, daß *Ihre Durchlaucht* (wie gedacht) bei Anfang des Drucks noch Erbprinz waren, als er in der Zuschrift poetische Aurorens-Farben pries, welche nachher an der Sonne, wenn sie zu regieren anfängt, sich in warmes Licht verwandeln; – und so möchte die Zeit des Drucks diese und ähnliche Lobeserhebungen in etwas entschuldigen.

Seit inzwischen *Ihre Durchlaucht* anfangs der zweiten Abteilung des Buchs vom Musenberg auf den nahen Thron hinaufgegangen und zum Zauberspiegel der Poesie in die andere Hand noch den Zauberstab des Zepters bekommen haben: so macht freilich die Zueignung eines Buchs mit der Zueignung eines Landes den erbärmlichsten Abstich, so daß es ihr nicht besser als etwan einem Lorbeerkranze ergehen kann, den Apollo als Schäfer aufbekommen hätte, und den er nachher mitten ins Sonnenfeuer hinauftrüge, vor welches er sich, um es zu lenken, setzt. Ist die Krone der letzte Helm Deutschlands; ist keine Art von Geist so wichtig als ein Schutzgeist; und muß sich die Blüte der Humanität, gleich der Ananas, durch die Krone fortpflanzen: so kann wohl niemand mehr und weiter dabei leiden als Konzipient selber, weil er in der angebognen Zuschrift diese Vorzüge nur in der Ferne gewiesen, und die poetischen in der Nähe.

Denn wird deswegen Dedikanten ihre Bekanntmachung abgeschlagen: so hat er nicht nur die Kosten, – das halbe Buch, die Seitenzahlen, die Bogenwürmer umdrucken zu lassen; sondern er muß auch zusehen, wie andere den Vorteil, der, wie es scheint, ihm gehört, von seiner Ästhetik ziehen, nämlich ihre angenehmsten Sachen ohne sonderlichen Aufwand von Witz – der nur in entfernten Ähnlichkeiten besteht – auf *Ihre Durchlaucht* zu applizieren.

Daher gelangt an *Sie* die untertänigste Bitte,

> daß die angebogene Dedikation sub Litt. A ohne kostspieligen Umdruck bleiben dürfe, wie sie ist.

Das Schweigen wird Konzipient als einen Befehl annehmen, sie herauszuschneiden; und wird dann leider den Lesern nur durch den Abdruck dieser Supplik seinen guten Willen zeigen können –

Ihrer Durchlaucht
untertänigster
Jean Paul Fr. Richter

Nro. II
Offizielle Bericht-Erstattung an den Leser von Deutschland, nebst den Briefen des Herzogs

Wohledler, Ehrwürdiger, Hochwohledler, Wohlehrwürdiger, Hochedler, Hochedelgeborner, Hochwohlehrwürdiger, Wohlgeborner, Hochehrwürdiger, Hochwohlgeborner, Hochehrwürdiger Reichsfreiherrl. Wohlgeborner, Hochwürdigster, Hochgeborner etc. etc. etc. Leser! – Ihre über den ganzen Adreßkalender ausgebreiteten Titel, welche noch tiefer und noch höher steigen, entschuldigen es, wenn ich sie alle in den einzigen einschmelze: Verehrtester!

Es zu rühmen, verehrtester Leser, was Sie seit der Erfindung der Schreibkunst weit mehr als alle Ludwige XIV te für die Wissenschaften, sie mochten sich in Purpurpergament oder in Lumpenpapier kleiden, getan durch Lesegeld, ist über meine Kräfte.

Alle Bibliotheken, von Lese-Bibliotheken an bis zur blauen (wenige Rats-, Regiments- und Kloster-Bibliotheken ausgenommen), schaffen Sie neu an, oder erstehen Sie in Versteigerungen, und wer anders als Sie läuft alle Werke flüchtig durch, die man kennt, vom ersten indischen Schauspiel an, das in Felsen unter dem Meer gehauen war, und von den Büchern im Serail, die Klafter lange sind, bis zu dem Opern- und Brockenbuch und dem Kinderlesebuch und den Büchern der *aner* und *in ana,* ungeachtet Sie noch zu gleicher Zeit alle Aktenstöcke, Brieftaschen, Noten, Planeten, Visitenkarten, Viehpässe, Bank-, Küchen- und Komödienzettel in Deutschland zu lesen haben! Wahrlich, ich wünschte zu wissen, was Sie nicht läsen.

Und doch unterstützt Sie dabei niemand als zuweilen ein Lektor; denn die beiden *Leser* im Reichs-Kammergericht zu Wetzlar, welche die Akten foliieren, übergeben und aufheben, wird niemand für sonderliche chargés d'affaires und Mitarbeiter von Ihnen nehmen.

Zehntausend Mann stark soll nach Meusel das sitzende Heer jetzt sein, das Sie auf den Beinen und sonst halten und besolden, teils als Referenten, teils als Sekretäre. Welche Ausgabe für so viele Land-, Stadt-, Marktflecken- und Dorfschreiber, da der Papst selber nicht mehr als 72 Schreiber hat, die aber Abbreviatoren heißen! Fünftausend Werke liefert das Heer jährlich, welche Sie alle teils zu kaufen, teils zu lesen haben. Wie schlecht ist nun jeder Referendär und Sekretär, der überall, wo die Gerechtsamen des größten Kurators und Nutritors des Schreib- und Buchhandels leiden, nicht aufspringt, beschirmt, ausfällt, aufschreibt und dann berichtet offiziell! Gibt es solche laxe Autoren?

Endes unterzeichneter Referent wenigstens ist der Mann nicht, der bei der Semester-Gage, die er von Ihnen zieht, dieses täte, sondern er berichtet mit Eifer, wie folgt:

Zwanzig Jahre und wenige Monate mögen verflossen sein, seitdem er in Ihre Dienste trat, zuerst als Referent der *grönländischen Prozesse* und darauf der *Teufels Papiere*, – jenes in Berlin, dieses (6 Jahre später) in Gera. So leicht etwa damals das Gnaden-, ja Ungnaden-Gehalt dafür ausfiel, oder so schwer das Raff- und Lese-Holz für damalige harte Winter: so reichlich haben Sie ihn nachher, da er eine leserlichere Hand schrieb, als Ihren Ehren-Söldner salariert mit Meß-Geschenken jährlich. Wer denn sonst, verehrtester Leser, als Sie hat bisher für den Unterzeichneten und dessen Frau und Kinder mehr getan als alle Fürsten und dessen Vater- und Wohnstädte? *Sie* allein dekretierten ihm ein Fixum mit Zulage; von den Städten und Thronen trieben erst *Sie* als Sportularius und Pfennigmeister die Beischüsse ein. *Sie* wahrer Musenfreund aller schreibenden Prezisten! Wie würde es ohne *Sie* und ohne den Lesegroschen, den *Sie* wöchentlich als Schreibpfennig und Almosengeld in allen deutschen Leihbibliotheken austeilen, um Schreiber und Schreiben stehen! –

Was noch heimlich und nebenher Ihre treffliche Hälfte, die vergeßliche, aber unvergeßliche *Leserin*, getan, o verehrtester Leser, die er das Glück gehabt in Berlin und sonst zu sehen, darf nur seine Dankbarkeit vermehren, nicht seine Freimütigkeit und Redseligkeit. Beinahe in unserm ganzen Heere der 10000 Xenophons ist *eine* Stimme darüber, sie Notre-Dame, ma-Donna, Hesperide, Titanide zu nennen, nicht eine bloße Haus-Ehre, sondern eine Palast- und Land-Ehre – Franzosen nennen sie die Jungfer Europa – wahrlich der Enthusiasmus ist allgemein – –

Nie kann deshalb Unterzeichneter aufhören, für die Rechte Ihres Hauses zu fechten, das voll Lesezimmer ist; er stattet ihm ewig die offiziellen Berichte ab, die äußerst nötig sind. Heute hat er einen der neuesten zu machen, einen Index expurgandarum (dedicat.) betreffend, den Ihnen die philosophische Fakultät in Jena, ohne ein besonderes Konkordat, das bekannt wäre, als Gesetz an die Flügel-Tore Ihres Lesezimmers affigieren und nageln wollte.

Das Faktum ist dieses:

Ihr Apanagist, Verehrtester, Verfasser dieses und der *Vorschule der Ästhetik nebst einigen Vorlesungen in Leipzig über die Parteien der Zeit. Hamburg, bei Friedrich Perthes 1804*, setzte dem eben gedachten Buche eine Zueignung an den regierenden Herzog *August* von Sachsen-Gotha vor, welche dieselbe ist, die der Ästhetik fehlt und diese Schrift verziert. Er schickte sie vorher an Ihn, den genialen und liberalen – ein Klang- und Sinn-Reim zugleich –, mit folgendem Briefe:

Gnädigster Herzog,

Ihrer Durchlaucht send' ich hier eine Dedikation an *Sie*, um *Sie* um die Erlaubnis des Lobes nicht sowohl – denn diese gab mir schon die Wahrheit – als um die Erlaubnis des ungewöhnlichen, mehr englischen als deutschen Tones zu bitten, worin ich es sage. Mögen *Sie* mir es verstatten, zweimal recht glücklich dediziert zu haben, das erste Mal der schönsten Königin, das zweite dem witzigsten Fürsten!

Das Buch ist eine – aber nach meiner Weise geschriebene – Ästhetik und mein Lieblings-Kind. Es erscheint im August schon. Daher möcht' ich wohl zur großen Bitte noch die kleine fügen, wenn sie schicklich ist, mich *bald* entweder zu erfreuen oder zu erschrecken.

Koburg, den 16. Jul. 1804

Ihrer Durchlaucht
untertänigster
Jean Paul Fr. Richter

Darauf erhielt der Brief- und Schriftsteller vom Herzoge folgende Antwort...

Doch, Verehrtester, eh' ich Ihnen die sämtlichen Akten vorlege, deren Einsicht Er Ihnen erlaubt, wünsch' ich Ihnen Glück, daß der Zufall, der Sie um einige unbedeutende Blätter von mir bringen wollte, Ihnen dadurch eine Menge interessanter zuführt. Auch dürfen sich zwei Schreiber selber Glück wünschen, wenn ihre Briefe ebenso gut in die Druckerei geschickt werden können als auf die Post; welches hier der Fall mit den meinigen ist in Rücksicht der *Gesinnung,* und mit den herzoglichen in Rücksicht des poetischen *Gehalts.*

Das *Polyneon,* worauf sich der Anfang des folgenden Briefes bezieht, ist ein großes episches Märchen über die Liebe, vom Briefsteller, welches alles, was große Kenntnisse und große Kräfte von Frucht- und Blumen-Gewinden, Perlenschnüren und Venus-Gürteln ineinander flechten können, zu seinem Zauber-Kreis der Liebe ründet. Doch das, was schildert, kann nicht selber geschildert werden; der Kreis wird zuletzt ein Trauring – der Ring ein Juwel – der Juwel ein Lichtblick – der Blick ein Geist. Der Tadel, womit man das Polyneon so gut belegen kann als mit Lob, ist bloß schwerer zu verdienen als zu vermeiden. Eine geniale Phantasie ist, gleich dem Luftballon, leicht in die Höhe und in die Tiefe zu lenken; aber das waagrechte Richten wird bei beiden etwas schwer; indessen hielt man es bisher doch für das größere Wunder, sich in den Himmel zu erheben, als sich darin zu steuern.

Daß man hier nicht schmeichle, sondern bloß dediziere, beweiset die endliche Edition des ersten Dokuments:

Angebogene Antwort, sub Littera zzz + x.

Panädonia bat (Pleonasmus, da sie eigentlich nichts zu bitten hat), als sie das Polyneon tausendfärbig und tausendförmig aus ihrem Füllhorn schlüpfen ließ; und dazumal ging es ihr wie Pandoren: es blieb ihr eine Bitte – was einerlei ist – eine Hoffnung, und diese Bitte oder diese Hoffnung kleidete sie auch in eine Weihe ein: *Richter sei Freund, und Freund sei Richter.* Dieses Epigramm sollte griechisch und nicht deutsch, nicht gedruckt, sondern in Kupfer gestochen werden, wenn mein Unvergleichlicher (mein Vortrefflicher, würde ich sagen, verglich' er nicht zuviel) es mir erlaubte. Doch ich werde mit meinen ineinander geschachtelten Parenthesen wie unser guter

W*** und ende, damit mein Paulinischer Johann und mein Johannischer Paul nicht vor Langweile vor mir ende und vor meiner eignen Geduld, mit der letzten der Bitten: diese Bitte wie eine leichte Luftgondel Ihrem Schatz- und Kauffahrtei-Schiffe anzuhängen, nicht, damit beim Schiffbruche der teure Steuermann sich darin retten möge; aber – das ist eben das Rätsel. –

Einst krümmte Hesperus einen silbernen Nachen aus seinen Strahlen und fuhr hehr und genialisch über die Milchstraße der Ahnung und warf der verblüfften Welt Sternschnuppen in die zugestarten Augen, daß die Schuppen herabfielen und einige durch das Schlüsselloch der Zukunft in den Himmel blickten; aber nachdem sahen wir durch einen Spiegel in einen dunkeln Ort. – Das jammerte den jüngern Phosphoros; er nahm eine Riesenperle, überzog sie mit Uranusglanz, tauchte sie in Minneglut und bevölkerte sie – Doch Sie wissen alles schon, und nun haben Sie mein Rätsel errathen. Wenn Ihre Vorrede vorlaut ist, so ist meine Rede wohl Nachlaut; doch Sie sind gewohnt, den Weibern durch die Finger zu sehen, durch die Ihrigen und durch ihre. Phosphoros hat noch mehr Prätensions wie Sie, drum hängt er sich Ihrem Schatz- und Kauffahrteischiffe als Lustgondel an. Ma addio, cara anima; guberniamo il cielo é l'arcadia.

Phosphoros-Metahesperos

NB. Sie wollen wissen, ob ich eine Zueignung haben will? Dazu antworte ich mit *Nein*; aber ob ich das Überschickte sub Littera A mit meinem Admirations – A! beantworten werde, dazu sage ich Ja. Erschreckt Sie mein undemütiges *Nein*, so bleibt die Lustgondel im Hafen, und der Richter bleibt mein Freund, der Freund aber nie mein Richter. – Kommen Sie in Gottes Namen, in Gotha zu verpissen, was Sie in Liebenstein getrunken haben, nur verschonen Sie meiner Minister Perruquen, denn Sie wissen, daß die Netze der großen Welt nicht so ausgepicht sind wie die Federmützen der Gelehrten. Doch verzeihen Sie diese Reminiszenz und diese Art von Plagiat Ihrem Freunde und Mitsünder.

Lucifer

P. S. à propos! von Bier, Orten, Kommen und Gehn – Es ist nicht meine Schuld, daß ich geblieben bin. Sie verwechseln vielleicht, guter Richter, mein Abendrot mit meinem Morgenrot, wie es einst Ihr Gottwalt mit dem seinigen tat. Ich habe keinen Zauberstab, und der Spiegel, den ich halte, ist nur der der Eitelkeit, und doch kann ich nicht vergessen, daß ich zähne-, nägel- und haarelos bin. Wenn Sie recht schmeichelhaft sein wollen, so nennen Sie mich einen Kleister-Aal aus dem Kleister, wo Gott seine schönsten Sonnen knetet. Dieses irländische Bonbon wird mich unendlich freuen und gewiß nicht weniger neu sein, als die britischen sind, die Sie mir auftischen wollen. Sie wollen mir einen Lorbeerkranz aufsetzen, und – wissen Sie denn nicht, daß eine Graciosos-Kappe eine von den Helmzierden ist, welche ich das Recht zu führen habe; wie eine Säule, eine Rose, eine Henne, ein übersatter Löwe zwischen unverzehrten Herzen in dem feldreichen Bilderlande sind, die meinen Schild zieren, und über denen ein Rautenkranz. Diesen würde ich mir eher wie das Wiesel des Plinius wählen, wenn die schöne Otter der Männlichkeit mit Augen, Herzen und Gallenzahn mich zu durchbohren sucht. Auch gegen den Zahn Ihrer Witzesschlange möchte ich mit dieser Zauberraute die Taube meiner Falschlosigkeit umpanzern. Richter, Sie fürchten, daß ich mich vor Ihrer Eignungsschrift fürchten könnte, und wollen mich mit dem Wiegenliede der Schmeichelei einlullen! Sagen Sie Sich, daß ich als Jungfrau das Einhorn des Spottes entwaffnen kann, und das mit einem Kusse; einem Judaskusse, und Sie kreuzigen; mit einem Jonathanskusse, und Sie verlassen; aber auch mit einem Cyparißkusse, und mit Ihnen sterben und ewig leben; aber nie mit einem Krähenkusse, die sich aus gleicher Schwärze die Augen nicht auskratzen. – Mißhandeln Sie mich, und lassen Sie drucken, was Sie wollen: Vorreden, Briefe, ja meinen Brief. Verspotten Sie mich; ich weiß es nur zu gut, daß die Freundschaft der Männer eine umfangende Jungfrau ist, und ihre Schmeichelei eine giftige Verleumdung. – Doch, können Sie mit meinem warmen Kinderblute, mit meinem weichen Mädchenherz und mit meinen süßen Witwen- und Waisenzähren alte Wunden aus- und alte Flecken abwaschen, so tun Sie es; denn es ist keine Schande für mich, auf dem Altare des mächtigsten der Genien zu enden. Habe ich mir doch schon lange eine welke, rosenrote Hyazinthe mit dem Epigraph gewählt: καλὸν ὑπερ τοῦ καλοῦ θνήσκειν. Und gern möchte ich der Hyazinthus sein, nicht um Sie zu bestechen, aber um Sie zu entwaffnen. Kommen Sie auf mein Herz, mächtiger Sonnengott, es ist keine Pythische Schlange. Ihre Pfeile sind jetzt umsonst. Wenn ich gleich Taubenschwingen und eine schirmende Binde vor den geblendeten Augen trage und auf der blassen Stirne den lockigen Cyrrhus und schmucklos, ja kleiderlos Ihnen erscheine, so bin ich doch, stolzer, rachgieriger Sonnenlenker, kein Gott, sondern Panädoniens schwacher Schatten. – Dieses dürfen Sie Ihren Vorreden und allen Ihren Briefen anhängen; und jedes zartglühende, edle Weiberherz wird mich gegen Ihre Schärfe beschützen!

Hierauf antwortete der Zueigner folgendes Aktenstück:

Gnädigster Herzog,

Das Schreiben *Ihrer Durchlaucht* und dessen Bilderkabinett hat mir ebenso viel Freude als Mühe gemacht; zuletzt aber, da ichs ganz verstehe, nur Freude. Was den Streitpunkt des Witzes etc. anlangt, so behaupten *Sie* während *Ihres* Solotanzes bloß, es gebe keine Bewegung und Zeno habe Recht. Indes glaubt jeder Weltkörper zu stehen, ob er gleich fliegt.

Da *Ihre Durchlaucht* durch *Ihre* Mischung von Scherz und Ernst mir die Erlaubnis gaben, *Ihr* Nein auszulegen und zu rangieren: so hab' ich die Meinung erwählt, welche mir die wohltuendste ist, und ich habe das Ganze für die schöne Erhörung meiner Bitte angesehen. Doch ist immer noch Postzeit, mich durch einen ausdrücklichen Befehl um meinen schönen Traum zu bringen. Indes wär' es Schade, da in Deutschland ein solcher Gegenstand und eine solche Sprache unter den Dedikationen eben nicht gewöhnlich sind.

Ihre Durchlaucht teilen – wie es fast scheint – einen flüchtigen Irrtum des mir ewig teuern Herzogs von Meiningen über mich, welcher auf Kosten meines Herzens und Geschmacks zugleich einen einfältigen Spaß im hiesigen Wochenblatte mir zuschreiben konnte. Meine Seele blieb ihm so treu wie seine Gemahlin – und *Koburgs* Reize ... wenigstens vertausch' ich es in 14 Tagen mit *Baireuth*. – Verzeihen *Ihre Durchlaucht* diese Schreibseligkeit – empfangen *Sie* meinen Dank für *Ihre* Blätter voll Blitze und Duft – erhören *Sie* meine alte Bitte – und erlauben *Sie* mir die süße Hoffnung, *Ihnen* nicht durch meine Denkungsart (die Schreibart rechn' ich nicht zu ihr) zu mißfallen –

Ihrer Durchlaucht

Kob. d. 29. Jul.   untertänigster
   1804   Jean Paul Fr. Richter

Teurer Jean,

Wenn Sie von Monochoren sprechen, so irren Sie Sich, wenn Sie nicht voraussetzen, daß nach der Haydnisch-Mozartischen Eröffnung aus Gewittern und Engelchören, Nachtigalls- und Äolsharfen, Sylphenreigen und Hirtenliedern der mit unsern Genien Hesperus und Phosphoros gezierte Vorhang rauschend heraufrollend die schönste Zukunft enthüllt; daß der prophetische Prolog auf seiner Hippogryphen-Quadriga daherstürzt, und daß er das gespannte Herz noch höher spannt, nämlich zum Bichordion Hoffen und Wissen; daß dann der Strom aus Entzücken, Wehmut und Überraschung; Wohlklang, Minneträumen und Moralität; Sylbenmaß, Takt und Grazie; Gesetz, Phantasie und ästhetischer Vollkommenheit – sich in wilden kunstreichen Kaskaden über die drei Alpen: Entspinnen, Verflechten und Weben in den stillen Ozean der herrlichsten Unendlichkeit als wie der Fluß der lyrischen Euphonie ergießt und jedes befriedigte Herz mit Hoffnung erquickt und in Freudenthränen eingelullt mit der leisen Frage: Ists Himmel? – davon schleicht und dem kleinen Prologus mit sanfter Demut durch die Tränen zugelächelt hat, wie er auf seinem kleinen Perlenschiff auf Rosenwellen dahintanzte, und die Rätsel lieblich singend aus den Untiefen der Ästhetik herausfischt und sie als phosphorierende Psychen der Abendfackel zuflattern läßt, um sie selbst dort zu Sternen zu verglühen: – Wenn Sie alles das, sage ich, nicht voraus gefühlt haben, so haben Sie auch nicht verstanden, daß ich Sie, teurer Paul Friedrich, bat, Panädoniens Erweckungs- und Meldungs-Symphonie zu sein; und dann hängt sich nicht meine Gondel an Ihr Kauffahrtei-Schiff, und ich lese nur eine Ouverture, einen Prolog, eine herrliche Oper in drei Akten, und es entzückt mich weder ein Ballett, noch ein Epilog. – Doch tun Sie, Richter, was Sie wollen; Sie können doch nie aufhören, mein Liebling zu sein.

Ihr *Emil.*

Gnädigster Herzog,

Mein erster Brief in *Baireuth* sei ein Dank für den *Ihrigen,* der mich in *Koburg* unter dem Einpacken antraf und der durch seine schöne Perspektive meinem Wagen gerade eine entgegengesetzte Richtung hätte geben können, wenn ich der Freude und der Hoffnung mehr gehorchen dürfte als dem Bedürfnis. Es wäre so schön, im schönen Gotha zu leben und von *Ihnen* und *Sie* selber zu hören! Aber die Zukunft hat ja noch viel Platz und viel Frühlinge.

In vier Wochen werd' ich *Ihnen* die Ästhetik senden können.

Man sieht oft in Gemälden eine Hand aus einer Wolke kommend. Ihr Brief ist ein solches, und die Wolke ist morgenrot. –

Baireuth
d. 16. Aug. 1804

Ihrer Durchlaucht
untertänigster
J. P. F. Richter

Hierauf antwortete der Herzog:

Gotha ist schön, aber das wenigste Schöne im schönen Gotha ist Ihr armer Emil. Ich sage nicht das Beiwort arm aus Demut allein, sondern vielmehr aus Redlichkeit; auch fürchte ich, daß, wenn alles vor Ihnen fällt, Ihnen nichts mehr gefallen wird, und daß so zuletzt der Gefallende tiefer fallen wird als die Fallenden. Was Sie von den Räumen in der Unzahl und von den Frühlingen in der Unzahl mir, bester Richter, sagen, beweist mir, was ich leider! schon längst kaum zu ahnen wagte, und was mich Ihnen, Unvergleichlicher, zum Menschen – nein gar zum Manne verstellt. Doch ich greife blind wie der Glaube und zartfühlend wie die Minne und sicher wie die Rache der Könige und bestimmt wie der Wille des Todes – unter die ausgerissenen Schmetterlingsflügel, die abgestreiften Sirenenschuppen, die entblätterten Rosen, die ausgefallenen Drachenzähne, die Kometenfunken, die gefrornen Zähren, die losen Diamanten, die zerstreuten Traumbilder Ihres Polymorphäons und ziehe auch ein Gemälde hervor. Es ist auch eine Hand, und was mehr – eine schöne an dem reizendsten Engelarme. Schwimmend liegt sie auf dem Lichtozean der Vollkommenheit. Zwischen den rubinenglühenden Fingerspitzen hält sie prüfend und warnend eine Seele über das Aoma des Nichts-Ungrunds. Gott allein kennt dieses noch zu richtende Ich. Ich bin keine Hand und kein Gott; – aber bald schwebt zwischen Flammen und Eis Ihre Ästhetik über das Nichts-Aoma.

Zittern Sie immer, Richter, denn Ihr Richter will vergessen, daß er Ihr Freund ist, und Ihr Freund soll nicht erfahren, daß er Sie richtet.

den 20. August 1804

Julius Augustus

Zwischen beiden letztern Briefen schlug nun, verehrtester Leser und Brotherr, jener Strahl auf mich, Ihren Schrift-Sassen und Sekretär, herab, der die Dedikation einäscherte, falls sie nicht zweimal da war, einmal außer, einmal in mir. Nämlich Herr Dekan und Doktor Voigt verbot sie dem Setzer; und darauf tat es auch der übrige Teil der philosophischen Fakultät, deren Namen ich hier im Catalogus praelectionum publice privatimque in Academia Jenensi per hiemem anni 1803 inde a die XVII. Octobris habendarum. Typis Goepferdtii vor mir habe.

Ich würde wohl wenig davon haben – ausgenommen Zurechtweisungen –, wenn ich meine ersten heimlichen Ausbrüche zu öffentlichen machen und die September-Flüche über (nicht auf) Deutschland publizieren wollte. »Himmel!« flucht' ich und so weiter, aber mehr nicht, sondern ich nannte bloß die Deutschen die Kleinstädter Europens – fragte, warum man irgendeinen Geist bevogten wolle, z. B. meinen – hielt mir ferner, Verehrtester, teils den Gehalt vor, den Ihre Seele *hat*, teils den, den sie *gibt*, mir und jedem von Ihren poetischen valets de fantaisie – lärmte stärker im Stillen und fragte mich laut, wer denn eigentlich der Zensit der Zensoren sei, und wußte Antworten genug.

Indes kam Zensit und Zueigner zuletzt wieder so zu sich, daß er sich stillen – die Fakultät, indem er sich an ihre Stelle setzte und ein Graduierter wurde, rechtfertigen – und wirklich den folgenden Bericht an den Herzog mit jener schönen Ruhe machen konnte, die ihn vielleicht auszeichnet:

Gnädigster Herzog,

In 14 Tagen kommt mein zweiter Brief an *Ihre Durchlaucht* mit der Ästhetik, aber – ohne die Dedikation. Denn die philosophische Fakultät in Jena erlaubt mir nicht, *Sie* zu loben – ausgenommen ganz gemein, nämlich das Ungemeine! Der Zensur-Dekan fuhr noch fort zu erstaunen und zu verneinen, als ich ihm die Beweise zugeschickt, daß eine Person, die die Dedikation gewiß so nahe angeht als ihn selber, solche genehmigt habe, nämlich *Sie*. Was ist daraus zu machen? Nichts als einige Bogen voll Ernst und Scherz, wenn *Ihre Durchlaucht* den Bogen, die den Ernst enthalten, das Imprimatur gewähren, das der Dekan versagte; ich würde nämlich die Dedikation – diese ist der Ernst –, samt der Geschichte ihres Isolierens – diese ist der Scherz –, nebst einigen allgemeinen Anmerkungen über meine und alle Zensoren, *besonders* drucken und brochieren lassen; ja ich könnte diese Zueignung *Ihnen* wieder zueignen. Ich bitte *Sie* sehr um diese Erlaubnis des Isolierens, da ja ohnehin *Ihre* Vorzüge *Sie* daran gewöhnt haben, isoliert und einzig zu sein. Doch würd' ichs im schönen Falle des Ja? für meine Pflicht halten, vor dem Drucke *Sie* zu meinem *ersten* Leser zu machen, nicht aber was nur *Sie* und der Himmel verhüten – zu meinem *letzten*.

Der stärkste Grund meiner Bitte ist dieser: *Ihre Durchlaucht!* geben *Sie* das Beispiel eines fürstlichen Großsinns, das *Sie* jetzt erst mir und dem philosophischen Dekan in Jena *verborgen* gegeben, den kleinstädtischen Deutschen – *öffentlich*, die nicht anders zu loben wissen als chapeau-bas und tête-bas ou basse und bas.

Baireuth d. 22. Septbr.
1804

Ihrer Durchlaucht
untertänigster verbotener
Dedikator
J. P. Fr. Richter

Die Fakultät finde, bitt' ich, einen und den andern harten Leitton des Briefes, der anfangs nur für gütige, nicht für alle Augen geschrieben war, verzeihlich und halt' ihn vielmehr für einen schönen Silberton und Silberblick. Die Antwort darauf, Verehrtester, wird Sie erfreuen; denn ohne sie hätten Sie nichts, und ich alles.

Dolce Giovanne,

Nur Weniges, doch dieses für alle; doch auf den zweiten Brief, o mein Teurer, Vieles, aber das Viele nur für den einzig teuern Richter.

Die Fakultät hält vermutlich Ihr Lob für Spott, und das ist sehr wenig schmeichelhaft für mich, der eitel genug ist, auch aus Ihrem Scherze, mein Freund, den Honig des Wohlwollens zu saugen. Doch verbieten Sie, lieber Richter, daß sich unsere Richter künftig um unser Lob bekümmern, und versprechen Sie ihnen, daß wir (schweigen sie –) bei unserm Lachen nie an sie denken wollen. Aber vielleicht hat der gute Dekan nicht so Unrecht? Doch ich kann mich selbst gegen Ihren Spott vertheidigen; dies wird mein Polyneon genug beweisen und meine vorlaute Kritomanie in ihm. Mais à propos! von Spott und Scherz und Ernst; es war mein völliger Ernst, da ich Sie, panoramischer Freund, bat, mein bald erscheinendes Werk in einer lobenden Nachrede des Ihrigen dem lesenden Deutschland anzukündigen. Jetzt, da Sie mir allein auf chinesisch an *einem* Tische einen Leckerbissen vorsetzen, welcher nur für die übrige Welt Neid erregendes Schauessen sein wird, so könnten Sie ja auch, wie es meine ästhetischen Lieblinge[1] zu tun pflegen, der Schüssel die Invitations-, Weigerungs-, Nötigungs-, Einwilligungs- und Danks-Charten anhängen, die wir wechselten. Ich habe noch die Abschriften der Ihrigen und der meinigen. Diese vidimierten Briefe beweisen besser als alles andre dem Dekan, wie sehr er sich irrt, wenn er meine Ichheit in dem Schatten seines Doktorhuts zu sichern meint. Sagen Sie ihm das, und drucken Sie für und von mir, was Ihnen Freundschaft und *guter Geschmack* und muntere Laune einflößen. Nur sagen Sie sich, daß die gute dumme Welt manchmal böse sein will, und daß ihr das Rätsel-Erraten selten gelingt. Ich umarme Sie, um mit verschränkten Fingerspitzen, gleich klopfenden Herzen und gleich stark schwirrenden Fittichen dem Lichtziele des ächt Schönen entgegenzustreben. Stoßen Sie mich nicht zurück. Der Adler trug ja einst den leichten Troglodyt der Sonne zu. Tun Sie das auch Ihrem Freunde zu Liebe,

Gotha d. 29. Septbr.
1804

Sebastos Phosphoros

---

[1] Die Sineser. D. H.

Ich weiß aber nicht, verehrtester Brotherr, ob Sie nicht mich, Ihren Panisten, für einen pflichtvergeßnen Schelm gegen Sie ansehen, wenn Sie lesen, daß ich darauf so antwortete:

Gnädigster Herzog,

Bloß mein Wunsch, *Ihrer Durchlaucht* mit diesem Blatte zugleich die Ästhetik zu schicken, verzögerte meinen Dank für *Ihren* letzten, so viel in Gegenwart und für Zukunft zugleich gebenden Brief so lange. Noch jetzt hat der Buchbinder die 3te Abteilung dem Publikum nachzuliefern, die der Setzer längst vollendet; und ich warte noch mehr auf ihn, um den dritten Teil einer Schuld bei *Ihnen* abzutragen, die *Sie* mir vielleicht lieber schenkten.

Wenn Sie unter dem Polyneon *Ihr* reiches Märchen von der Liebe meinen – wie ich gewiß glaube, wenn mich nicht alles Erinnern und Erraten trügt –: so wissen Sie, mit welcher Freude ich dem Publikum meine frühere darüber und die seinige ankündige; aber jetzt erst werden mir ganze Stellen *Ihres* ersten Briefs erhellt.

An dem der Dedikation beischwimmenden Werkchen über die Preßfreiheit arbeit' ich jetzt. *Ihr* Imprimatur zu *Ihren* eignen Briefen ist fast einer mehr und ein schönstes Geschenk für mich. Aber aus Dankbarkeit für eine Güte, welche mir ebenso viel Glanz zuwürfe als dem Leser Vergnügen, muß ich anmerken, daß, wenn nicht wegen des *ganzen* Publikums, doch *dessen* wegen, das *Sie* regieren, manche Stellen – z. B. im ersten Briefe – nicht wie Himmelssterne der Welt, sondern wie Ordenssterne einem einzelnen zugehören und bleiben müssen. Ich liebe aber solche Stellen so sehr, daß ich eben nicht den Mut hätte, auch nur eine andern zu entziehen; daher bitt' ich *Sie*, wenn *Sie Ihre* seltene bedeutende Erlaubnis des Abdrucks *Ihrer* genialen Briefe fort geben, mir die Auslassungen selber zu bestimmen, ferner welche Briefe; und dabei mir die Kopien der meinigen (von denen ich nur Splitter habe) zu senden, welche indes, wie sie auch sein mögen, in die Welt treten sollen, weil *Sie* schon die Welt für sie gewesen, und weil zweitens ein Buch-Vater, wie ich, nichts zu *regieren* hat als sich und etwa 32 Bände.

In 14 Tagen hoff' ich *Ihnen* die 3te Abteilung, in 21 – das neue Manuskript zu senden. – Da ein Fürst immer so glücklich ist – was ein Privatmann selten wird –, jemand zu finden, der aufschneidet und korrigiert, so bitt' ich *Sie*, es bei diesem Werke voll Druckfehler – in der Vorrede angezeigten – tun zu lassen, bevor *Sie* die größern finden –

Baireuth d. 18. Okt.
1804

Ihrer Durchlaucht
untertänigster
J. P. Fr. Richter

– Hierauf kam folgende Entscheidung:

Lieber richtender Freund!

Hier die Briefe, die Sie so gütig sind, auf dem Balkon der Publizität bleichen zu wollen. Was mit dem Kleesalz der Kritik noch von Flecken auszuziehen ist, das ziehen Sie aus. Schneiden Sie, stopfen Sie, flicken Sie, säumen Sie und plätten Sie, was zu schneiden, zu stopfen, zu flicken, zu säumen und zu plätten ist, und machen Sie es wie der hochselige und in Gott ruhende Hofjunker Arouet, Freiherr zu Ferney, ob Sie gleich kein Franzose, Ihre Tochter keine Mamselle ist und Ihr Schwiegersohn keine Ahnen ou ânes hat und ich kein Spaniol schnupfender Hundefreund bin. Laugen Sie meine schmutzige Wäsche aus. Wessen Herzen im gleichen Takte die Lebensruder bewegt, es sei unser Mulmul feiner als neunmal gespaltene Spinnegewebe oder aus Segeltau geflochtener Zwillich, darf sich tadeln und bessern. Bei dem Tadeln und Bessern fällt mir Ihre Kunst zu bestimmen ein. Ich sage nichts darüber, da ich schon alles selbst längst gefühlt, gedacht, aber noch nicht auswendig gelernt habe, und da ich mich nie selber lobe, *als wenn man mir schmeicheln will.* Hier also, was Sie mich schreiben machten. Sie ändern so wenig, als Sie können. Nur verbitte ich mir alle Gedankenstriche, – denn die Welt denkt nur, um zu verleumden; – und jede Lakune, – denn die Welt sieht sie für einen ausgetrockneten Morast an, den sie gern wieder mit ihrer Ichheit füllt. Auch diesen Brief haben Sie die Güte unter die schwarze Wäsche zu mischen, nur nicht mein Herz, meine Küsse, meine Liebe und meine treue Anhänglichkeit an Ihnen, teurer Richter. Noch ein Geständnis, ehe ich unterschreibe. Ich suchte umsonst meinen Platz auf den Bänken Ihrer Vorschule.

August

Ihr Referendar, verehrtester Leser, hat hierauf nichts zu berichten als zweierlei, erstlich, daß die gedachte Wäsche aus Asbest oder Steinflachs eben darum in kein Feuer zum Weißglühen zu werfen war, weil sie schon aus dem stärksten eben herkam – und daß bloß zwei Stellen weggebeten worden sind, durch deren Auslassung niemand etwas verlieren kann als *Sie*, verehrtester Leser! –

Somit ist nun, Leser, meiner Pflicht gegen Sie genug getan; nicht zum kleinsten Feldzuge mehr gegen die Fakultät bin ich verpflichtet, sondern höchstens zu einem artigen Friedensfest. Sie allein fechten und siegen; ich hingegen lege mich – während ihres Siegens – ruhig und neutral auf philosophische Materien, worunter ich diesesmal am liebsten eine Untersuchung über die Rechte und Grenzen der Preß-Freiheit erlese. Ich überfeile nämlich in meiner glücklichen Neutralität eine Probeschrift über die Freiheit sowohl der Presse als der Zensur – welche ich im Frühling nach -en abgeschickt –, um sie dieser Berichterstattung anzuhängen.

Ihr Verfasser – eben der gegenwärtige – hatte, wie er glaubt, gute Gründe zu ihr, sowohl logische als ökonomische. Er wollte besonders in dieser Selbst-Einladungsschrift dem ** Bücherzensurkollegium seine Grundsätze über Bücherfreilassungen vorlegen, um sich vielleicht damit (noch hofft ers) den Weg zu einem Amte – nämlich eines Zensors – zu bahnen, da er leider (denn sein Legations- oder Ambassaden-Rat ist mehr Titel) nicht, wie so viele Tausende seiner glücklichern Mitbrüder um ihn her, einen Posten hat. Herr v. – nahm die dissertatiuncula pro loco (so heißt sie) selber nach -en mit, übergab und empfahl sie dem Bücherkommissarius sehr gütig; nun tut sie da ihre Wirkungen, und ich lasse mich gern in dem süßen Wahn hingehen, daß sie mir dort vielleicht nach zwanzig und mehr Jahren, gerade in der Not des Alters, wo man Bücher nicht mehr zeugen, sondern nur verbieten und erlauben kann, in ein gutes Zensor-Ämtchen hineinhelfe und ich doch als Beamter abfahre. Hier ist sie mit sehr wenigen Abänderungen.

Nro. III
Dissertatiuncula pro loco

Erster Abschnitt
Allgemeine geographische Einleitung in die philosophische Untersuchung

Nichts hat mich von jeher mehr erfreuet, als wenn ich im übrigen Deutschland die stärksten und einfältigsten Ausfälle auf die *** Staaten in Bezug ihrer Leseknechtschaft zu hören bekam, weil ich bloß den Mund aufzumachen brauchte, um zu erweisen, daß eine Zensur und folglich eine Lese-Freiheit da herrsche, welche durchaus nicht uneingeschränkter sein kann. Ich ließ daher gewöhnlich – bevor ich den Hauptschlag tat – die Spaßvögel erst auskrähen und fiel selber boshaft genug mit seinsollenden Einfällen ein, als z. B. damit, daß man allda nicht die Preßfreiheit hätte, die Preßfreiheit zu loben, ja nur den catalogus prohibitorum in dem in ein geistiges Gefängnis auf Wasser und Brot gesetzten Lande zu nennen, so wie in der Fastenzeit die Isländer (nach Olaffen und Povelsen) von Fleisch nicht einmal das Wort in den Mund nehmen – und daß alsdann die Literatur dem am Franziskanerkloster bei Montpellier liegenden See voll stummer Frösche gleich sei, welchen der heilige Antonius von Padua das Quaken verboten[2] – – Aber (so unterfuhr ich plötzlich selber meine Zufuhr) setzt dieses Stummen-Institut nicht eine doppelte größte Sprechfreiheit voraus, die der Frösche und die des Heiligen? –

Denn so ist es in der Tat. Es ist ein schönes und unerwartetes Schauspiel, nämlich jene herrliche zensur-freie Lesefreiheit eben gedachter Staaten, welche so weit geht, daß es durchaus kein Werk gibt – sei es noch so zynisch, weltweise, ja gottes-, staaten- und fürsten-lästerlich –, welches sie nicht nur frei zu lesen erlaubten allen dortigen *Zensoren* (denn vom Pöbel sprech' ich hier nicht), sondern sogar auch geböten. Diese Freiheit, alles zu lesen, was geschrieben wird, – eine größere ist überhaupt nicht denklich – genießt nicht nur *ein* glücklicher Zensor, sondern ganze Zensurkollegien; gleichsam

---

[2] Es ist noch dazu die Frage, ob das Faktum nur wahr ist, denn es steht in des verdächtigen Berkenmeyers Singular. geographiae.

als wolle der Fürst die letztern – sehr verschieden von einem Sultan, der sein Glück mit 40 verschnittenen Stummen umringt – als ebenso viele verschneidende Redende um sich stellen. (Denn Denken ist Reden – leises, nach Platner.)

Kann der Staat besser zeigen, daß er die alten Besorgnisse von zufälligem Einflusse eines Buchs auf schwache Gemüter u. s. w. verachte, als wenn er die größte Lesefreiheit allen Zensoren ohne Unterschied gewährt, wozu unmöglich lauter Götterhäupter zu vozieren sind, sondern auch Gassen- und Straßen-Köpfe, ja wohl Austern- und Milben-Köpfchen, denen gerade die heimliche Lektüre der zügellosesten Manuskripte am ersten das, was sie ihr Gehirn nennen, versengen könnte? Rottete sich diese in so viele Städte gelegte Schar zusammen: wie gefährlich könnte sie werden, wenn das Lesen gefährlich machte! Aber das Gegenteil wird so gewiß vorausgesetzt, daß man solchen All-Lesern die allgemeine Sorge für die Orthodoxie, wie in Frankreich den Setzern die für die Orthographie, ruhig anvertraut. In der Tat sind sie die Menschen, die ein solches Vertrauen rechtfertigen und belohnen; denn unter ihnen ist jede Generation eine neue unveränderte Auflage der vorigen, indes sie selber durch Lektüre mit der Zeit so fortschreiten, da sie zuletzt geistesarme Werke so häufig verbieten als ihre Vorfahren geistreiche; – wodurch sie den Wunsch und die Ehre, verboten zu werden, leise schwächen; da sonst Verbieten und Verschließen den Büchern so viel schadete als der Landmann den Raupen, wenn er sie, um sie auszurotten, in die Erde grub, worin sie sich eben verwandeln. So hörte in Griechenland der Ostrazismus auf, weil er zuletzt statt großer Männer schlechte verjagte, z. B. den Aristobulus.

Genau genommen ist jede Klage über Lese-Knechtschaft falsch, da eine heilige Notwendigkeit der Natur uns, auf welchen Umwegen es auch sei, stets zur Freiheit führt. Denn so wie es keinen reinknechtischen Staat voll Knechte gibt, sondern im Sklavenschiff stets einen freien Kapitän, einen Bey und Dey, der als der einzige Träger der Menschenrechte sie desto reicher entfaltet: so ist auch ein Staat voll lauter Lesesklaven, eine ecclesia pressa ohne eine ecclesia premens, kurz ein Kerker nicht möglich, worin der Schließer selber mit eingeschlossen wäre, sondern freiere *Schrift*-Sassen, die Zensoren, genießen und behaupten eben das Glück und Recht, das man vermissen will,

Dieselben innern und äußern, vor Mißbrauch bewahrenden Gesetze, auf welche sich z. B. der liberale preußische Staat bei den Lesern der Druckschwärze verläßt, setzet jeder als illiberal verschriene bei den Lesern der Dinte voraus und nimmt, wie sonst Buchdrucker nichts Heterodoxes zu drucken schwuren ohne den Wiederdruck eine Widerlegung, letztere, aber nur innen beigefügt, bei jedem Zensor an. Immerhin mögen dann solche freie Staaten des Dinten-Lesens die übrigen gemeinen, zu keinem Zensieren besoldeten Seelen scharfen Verordnungen unterwerfen; sie sollen immerhin Menschen, die nicht einmal von weitem zu dem Zensurkollegium gehören (etwa als Bücher-Träger, Offizianten etc.), alles ganz strenge verbieten und ihnen Denk-Knebel und statt des Fußblockes den Kopfblock anlegen: mich dünkt, sie werden hier doch nichts tun, als was die Griechen längst getan, welche nicht litten, daß Gesänge und Freiheit, überhaupt Gedichte von den Sklaven gesungen wurden.

Anstatt also in den ** Staaten Verringerung der Zensoren zu bestellen, hat der Freund der Freiheit nichts zu wünschen und zu betreiben als die ungeheuerste Vermehrung derselben. In jeder Landstadt, in jedem Marktflecken sollte alle Welt, wenigstens wer Geschriebenes lesen kann, verbunden sein und sich selber anbieten, Sachen zu zensieren und vorher durchzulaufen, teils um dem Staate zu zeigen, daß er so gesund ist wie jeder andere Zensor, teils um gemeinschaftlich für die geistige Gesundheit der übrigen, nicht lesenden Staatsbürger sorgen und verbieten zu helfen. Nur möchte, wenn man so viele Zensoren anstellte, als es jetzt Leser gibt, von Sachverständigen zu erwägen sein, ob der Umlauf eines Manuskripts, die Abnutzung, die Verspätung desselben, desgleichen die unleserliche Hand, überhaupt die Schreibzeichen nicht es rätlicher machten, wenn für die Zensoren, d. h. für die hier möglichen Leser – 300000 deutsche Leser soll es nach Feßlers Zählung geben – der Schnelle wegen die Handschrift vervielfältigt würde, so daß wenigstens 100 Leser ihre besondere und also 300000 ungefähr 3000 Exemplare hätten; was in unsern Zeiten ja so leicht zu machen ist, durch die Druckpresse, welcher keine Abschreibfeder nachkommt. Solche leserlich gedruckte Manuskripte für sämtliche Zensoren – gleich Lavaters gedruckten Manuskripten für Freunde – könnten alsdann die Buchhändler, als Offizianten der Zensurkollegien, ausgeben, und der Staat hätte keinen Heller Ausgabe; ja anstatt des Zensurgroschens pro Bogen müßte der Leser selber einen Lesegroschen pro Band erlegen. Längst wurde daher auch diese Einrichtung schon von Staaten und Städten, die mehr geistig reich sind als leiblich, z. B. in Berlin und Weimar getroffen; nur daß sie eben darum das ganze Zensier-Geschäft – wie Athen die Kriegs-Zurüstungen – bloß Privat-Instituten überließen, welche unter dem Namen Rezensuren oder Rezensionen meines Wissens durch ganz Deutschland bekannt genug sind, und welche eben stets das lesen, was nicht zu lesen ist, sondern zu verbieten.

Zweiter Abschnitt
Unterschied der Denk-, Schreib-, Druck- und Lese-Freiheit

Gegenwärtige Lokal-Dissertatiunkel geht nun, ihrer Bestimmung nach, tiefer in die Materie und verlässet die besondere Beziehung auf die ** Staaten. Inzwischen wird doch auch der letztern Sache unter der Hand fort verfochten; denn die höchste Lese-Freiheit, welche die Abhandlung den Menschen überhaupt erstreitet und zusichert, kommt also auch z. B. den böhmischen, mährischen, ungarischen Zensoren und den Staatsgründen ihrer Einsetzung zu Gute.

Wahrscheinlich muß ich – zumal da ich in der Universität der größten deutschen Stadt zwar nicht einen Grad, aber doch ein Ämtchen suche – vorher scharfsinnig absondern und feststellen; ich zergliedere daher das Wort Freiheit in die in der Aufschrift angezeigten vier Weltgegenden und Weltteile. Die erste, die *Denkfreiheit*, hat meines Wissens bisher niemand verboten als der Schlaf, der Rausch und die Tollheit; das Bette, die Bier- oder Weinbank und die petites maisons sind die Ruderbänke und Sklavenschiffe des Denk-Ichs – Keine Zensur und keine Inquisition setzen in einen solchen wahren *Personal-Arrest* als gedachte böse Drei. – Auch die *Schreib-Freiheit* wird – wenige Kerker ausgenommen – in ganz Europa jedem frei gelassen, schon weil sonst die Zensoren, sobald nicht alles geschrieben werden könnte, antizipiert wären und nichts zu verbieten hätten und mithin ihre Gehalte mit Sünden zögen; sie wären dann ebensogut Polizei-Lieutenants im Himmel.

Hingegen *Druckfreiheit* und *Lesefreiheit*! – Aber wie verschieden sind beide, so verwandt sie auch scheinen! Es läßt sich, wenigstens im Allgemeinen, denken und retten, daß ein Staat sich von Ketten der Zeit und der Stelle zum Verbote, ein an sich schätzbares Werk zu *lesen*, gezogen glaube; aber kann er darum den *Druck* verbieten und so das Verbot des Lesens auf alle fremde Staaten und Zeiten ausdehnen? Ja gesetzt, alle lebende Staaten hätten dasselbe Bedürfnis des Verbots: woher bekommen sie das Recht, damit künftige Zeiten zu beherrschen? Dürfte ein sthenisch krankes Land darum alle Weinberge und Tierreiche ausrotten – anstatt sie zu untersagen –, oder alle Hunde – wie Briten die Wölfe –, weil sie wütig werden?

Ein Buch gehört der Menschheit an und der ganzen Zeit, nicht seinem zufälligen Geburtsort und Geburtsjahr; es wird wie die moralische Handlung zwar in der Zeit, aber nicht für sie, sondern für die Ewigkeit geboren. Das Meer und der volle Buchdruckerkessel sind Welteigentum, und nur die Küsten haben Herren. Wie kommt nun ein unbekannter Zensor dazu, der Richter, Lehrer und geistige Eß-König einer ganzen Ewigkeit zu sein, der Regent eines unabsehlichen Geisterreichs? Denn darf er nicht das bloße Lesen, sondern den *Druck* an sich verbieten: so darfs jeder andere Zensor und in jeder andern Zeit ja auch, und folglich wär' es ganz leicht und ganz gesetzmäßig, das Werk selber zu vernichten, z. B. eine Spinoza's – Ethik, eine Kants-Kritik, oder die Bibel selber, oder alle Bibliotheken in der Welt. Denn der Zensors- und Omars-Vertilgungskrieg gegen Bücher gilt bloß – allen. Aber Himmel! Warum verbot man dann überhaupt nicht gleich früher lieber statt eines Drucks die Buchdruckerkunst überhaupt? und statt eines Lesebuchs Buchlesen insgesamt? – Denn jede Einschränkung wäre eine viel zu gefällige Nachsicht für Menschen, welche gern zeigen möchten, was sie aus ihrem Abc-Buch geschöpft haben, nämlich nicht nur die übrigen Buchstaben d e f ff g h i etc., sondern auch flinkes Lesen.

Jene Zensur-Maxime aber angenommen, so wird jeder Literator, der nur ein gelehrtes Sachsen, Niedersachsen, England schreibt, geschweige ein gelehrtes Europa, Asien, Afrika, Amerika, wissen und fühlen, was eingebüßet werden kann, schon aus dem, was schon verloren gegangen. »Wie,« (darf er sagen) »man sollte keine neuen Bücher zu Rate halten und zum Druck befördern, da schon so unzählige alte umgekommen sind, nach Morhof (Polyhist. c. V. de ordine biblioth.) klassische gerade 100000; – und sonst die vielen andern, z. B. die vom sinesischen Kaiser Xiu verbrannten; die von Cromwell eingeäscherte Bibliothek in Oxford; die vom Kardinal Ximenes bei der Einnahme von Granada verbrannten 5000 Korans – wiewohl doch der Urtext restiert –; die aus den Zeiten der schwäbischen Kaiser eingeäscherten Dokumente und überhaupt die Makulatur von Jahr zu Jahr? O wie würden wir alle die Sterblichkeit und die Würde eines Buches mehr wahrnehmen, erschiene in beiden Messen nur eines und das andere!«

»Aber«, könnte man sagen, »den zufälligen Geistermord z. B. an Kants Kritik konnte auch der Zufall verüben am Manuskript, als es auf dem Postwagen nach Riga ging; ja Kants Kopf hing ja noch früher von der Wehmutter ab, die, als er das Licht der Welt erblickte, am ersten machen konnte, daß er kein Licht der Welt wurde, indem sie mit einer nicht schreibenden, nur pressenden Hand ihn für alle Systeme so zuründete, daß er Jahrzehende später nichts geschrieben hätte als Ja, Ja!« – Ganz gewiß! Und dies ist eben die Größe der Gottheit und ihrer Welt, daß sie das Größte ans Kleinste, Welten an Lichtfaden, die Ewigkeit an Minuten hängt, – sich bewußt ihrer Überfülle von Kraft, Zeit und Raum; aber darf der kleine Mensch seinen Bruder lebendig begraben, weil es das Erdbeben tut? – »Folglich«, könnte man fortfahren, »wurde noch nie eine Wahrheit unterdrückt auf der unabsehlichen Erde voller Geister und Zeiten!« – Ich glaubte es selber, wäre die Erde die Welt; aber eben der Reichtum des Seins, die Welt voll Welten verstattet so gut das Aussterben eines Gedanken auf der Erde als das des Mammuttiers – ja sogar *ein* Mensch kann nur *einmal* auf der Erde erschienen sein, sogar im Monde, im Jupiter, im Saturn und dessen Ringen, und wo denn nicht? Im Universum selber. Wer fühlt in sich eine Notwendigkeit der Wiederholung in der Zeitlichkeit?

Folglich gehe der zeitliche Mensch fromm zu jedem Lichtstrahl, der hie und da aus der hohlen Wolkendecke auf seine Erde und Erdenstelle fährt, und spanne unter dem Gewölke nicht vollends den Sonnenschirm der Zensur auf.

Dritter Abschnitt
Zensur des Philosophierens über Wahrheiten überhaupt

Um nichts vorauszusetzen, muß von neuem sehr glücklich einge-
teilt und auseinander gerückt werden. Es gibt nur drei Gegenstände
der Zensur: 1) *Wissenschaft* (oder Philosophie), 2) *Kunst*, 3) *Geschichte* im engsten und weitesten Sinn; und nur zwei Zensur-
Beziehungen derselben, entweder auf ihre Objekte, oder auf deren
Behandlung.

Zuerst ist vom *Philosophieren* zu handeln und zu fragen, ob ihm
die Zensur über die Objekte – *Moral, Regierungsform* und *Landes-
Religion* – zu verbieten habe.

Wer überhaupt zu philosophieren anfängt, kann sich nicht, ohne
auf der Schwelle umzukehren, irgendein Objekt als Grenze setzen,
weil ein Grenz-Objekt schon ein Resultat wäre, da er doch eben
philosophieret, um eines zu finden; ja in derselben Minute hätt' er
schon über das Objekt hinausphilosophiert, sich aber nur gefürch-
tet, schärfer und länger in den dunkeln Raum darhinter zu blicken.
Und was berechtigte nun den Menschen zu irgendeiner Scheu vor
Resultaten? Wer als wahr voraussetzt, daß irgendeine feindselige
Wahrheit wie ein Basilisk in einem dunkeln Universums-Winkel
lauere und rüste, welche, ans Licht getrieben, jeden vergiftet, welcher sie ansieht: der hat selber schon den giftigsten Basilisken ins
Leben gejagt, nämlich die zweite Voraussetzung – die Mutter der
ersten –, daß in der Ewigkeit ein urböses Prinzip, ein vermummter
Würge-Gott, das Universum in seinen Tatzen halte und aussauge;
welches unter allen Gedanken, die der Mensch haben kann, durchaus der gräßlichste ist. Käme dieser Basilisk nicht an seinem eignen
Widerschein um, so müßte man sich vor nichts mehr hüten, als die
Augen darzutun, und müßte so lange zittern, als man dächte. Da
aber doch alle Menschen die Wahrheit ohne Fürchten suchen: so
entdeckt man freudig das allgemeine kindliche Vertrauen, es könne
uns Kindern im widerhallenden Weltgebäude kein Riese begegnen
als der Vater.

Was darf sich dem Auge der Wissenschaft entziehen, da sie nicht
nur ihr Auge selber bis zum Skeptizismus wieder prüft, sondern
sogar das Heiligste, worauf die Geister ruhen, das Gewissen? – So

groß sind diese Rechte der Wissenschaft, daß ihr gegenüber die Moral (die Mutter der Rechte) ihre eigne Vernichtung, wenn sie zufällig aus dem Wissen hervor zu gehen schiene, recht heißen müßte, obwohl eben dadurch wieder aufhöbe. Allein dieselbe Moral, die dem Philosophen nicht verböte, ihr Gegenteil, wenn er eines erträumt hätte, bekannt zu machen, beföhle ihm gleichwohl, mit Moral gegen die Moral zu schreiben; sein schreibendes Handeln dürfte sich nicht an sein schreibendes Denken kehren. So tief und fest wurzelt das Geister-Herz in uns und gibt den feindlichen Kopf frei und doch nie sich gefangen; und so frei und unschädlich trägt wieder der Wahrheits-Geist sein Haupt, eine ernste Stellung, die nur ihren Feind versteinert mit dem Medusen-Kopf des Schilds.

Da kein Zensor das Recht seiner Verbote auf den Besitz und Schirm von *Wahrheiten* gründen kann – weil sonst alles Schreiben und Prüfen zu spät und unnütz käme und man statt aller Nachtwachen, Gaben und Bibliotheken nichts brauchte, als bloß beim Zensor einzusprechen und sich von ihm die nötigen Wahrheiten abzuholen; weil man ferner sonst alle Bücher besser in lettres toutes prêtes[3] verwandeln würde; weil die Zensoren in verschiedenen Ländern als Päpste und Gegenpäpste einander die Unfehlbarkeit bestreiten; weil der neue Zensor oft von dem ältern verboten wird, indem die Menschen und er sich auf den Zeiten heben; und endlich weil die ganze Sache eine allgemein anerkannte Narrheit ist, nämlich die Voraussetzung, daß der Zensor bloß Irrtümer verbiete, die Wahrheiten folglich besitze –: so muß er sein Recht, die Untersuchung zu beherrschen, auf etwas anderes stützen als auf den Wert oder Unwert der Ausbeute. Dieses andere ist nun deren *Einfluß* – nicht auf die Philosophen selber; denn hier ist jeder der Zensor des andern, und jedes ächte gewaltige System, z. B. das kritische, macht, wie die Vesuvs-Asche, nur die ersten Gewächse welk und siech, später aber alles fruchtbar; sondern – auf das *Volk.*

Das arme Volk! Überall wird es in den Schloßhof geladen, wo die größten Lasten des Friedens und des Kriegs wegzutragen sind; überall wirds aus demselben gejagt, wo die größten Güter auszuteilen sind, z. B. Licht, Kunst, Genuß, ja bloße dritte Feiertage. Wenn

---

[3] Zu Paris verkauft man Trauer-, Freuden- etc. Briefe, in welche der Käufer bloß seinen Namen setzt, ehe er sie abschickt.

man nun fragt, wie viel Mann stark das Volk ist: so schwindet gegen seine Volks-Menge die regierende und gelehrte Mannschaft ganz weg. Was ist das noch für eine Erde! Bricht man sie wie jenen neuesten Planeten, in ihre drei Stücke auseinander, in die (herrschende) *Juno*, in die (gelehrte) *Pallas* und in die (ackernde) *Ceres*: so kommen zwei Erdkörnchen und ein Erdkörper heraus, welcher als Trabant und Nebenplanet um beide Körner läuft, um teils erleuchtet, teils bewegt zu werden.

Mit welchem Rechte fodert irgendein Stand den ausschließenden Besitz des Lichts – dieser geistigen Luft –, wenn er nicht etwa eines aus dem Unrecht machen will, desto besser aus dem Hellen hinab zu regieren ins Dunkel?

Kann ein Staat – ohne sich heimlich zu einem Sklavenschiffe auszubauen oder auszurufen, welches Freiheitshüte wegnimmt, um Zuckerhüte zu bekommen – die Entwicklung der Menschheit nur einzelnen erlauben, als schenk' er die Menschheit, wie Orden und Gnadengehalte, erst her und könne deren Entfaltung, wie Erfindung, erst patentieren? – Vielmehr ist umgekehrt das Recht zur Entwicklung desto stärker, je kleiner sie ist, das zur ersten dringender als das zur höchsten; so wie der Untertan mit mehr Recht den Proviantbäcker als den Zuckerbäcker fodert, mit mehr Recht großes Tränen- und Gnadenbrot als die petits soupers.

Aber hierauf existiert eine der ältesten Einwendungen – die wahre graue Kronbeamte des ersten Despoten-Throns –, daß nämlich das Volk, wie Pferde und Vögel, geblendet viel schöner in der Roßmühle und auf dem Vogelherde diene, sowohl dem Selbstinteresse als dem Staatsinteresse; »braucht man denn mehr«, fährt man mit besonderm auffallenden Feuer fort und fragt, »als die neueste Geschichte und jede vorher, um zu sehen und zu hören, wie das Volk vom Wuste unverarbeiteter Kenntnisse sich nur blähe, statt nähre, und mit der Luft des Kleefutters, das ihm die Schreiber und Herren von Kleefeld geben, sich so lange quäle, bis ihm der Staat mit dem Flinten- oder Windzapfen-Spieß[4] zu Hülfe lauft? Gott! Wie gefährlich war Frankreich aufgebläht, da kaum wenige Frösche davon wenige Lilien eingeschluckt hatten, und wie schwer wurde der

---

[4] Windzapfenspieß ist ein neu erfundner Trokar; Flintenspieß nennt Campe das Bajonett.

großen Nation die falsche Größe geheilt! Das bedenke aber jeder, der eintunkt!«

Diese böse Alte vom Berge, nämlich die Objektion, setzt spitzbübisch erstlich voraus, daß das Sonnenlicht nur auf den Bergen nütze, in den Tälern aber schade, und daß Mangel an Kultur nicht die höhern, sondern die niedern Stände gegen Ausartung beschirme, wie nach den Orientalern Gott die Menschen darum von Sinnen kommen läßt, damit sie nicht sündigen können – daß das Licht alle, welche Steuerruder, Kompasse, Mastkörbe innen haben, nicht verblende und verbrenne, sondern nur solche, die Segel und Ruder zu bewegen haben – und daß endlich mißverstandene Wahrheit nur unten beim Volke zu einer mißgebrauchten Wahrheit werde – –

Ob aber von den obersten Ständen die Wahrheit nicht ebensogut mißverstanden werden könne, erwähnt die Alte vom Berge und Throne aus Absicht nicht; vielleicht aus Höflichkeit, weil sonst, denkt sie, die Zensur zuweilen manches ebensogut einem Fürsten als einem Volke zu verbieten hätte, z. B. den geistreichen Machiavell und den geistreichen Wein, und zwar umso mehr, da ein böses Buch leichter und gefährlicher *ein* regierendes Haupt beherrscht als tausend Bücher tausend regierte Köpfe. – –

Aber der Punkt ohne weiteres Punktieren ist der: die Tiere, die Gott einmal als solche anstellen will in seiner zweiten Welt, hat er mit den deutlichsten Marken auf diese gesetzt, z. B. Maul-, Stink-, Pflanzen- und andere Tiere; was klüger werden sollte, sieht ganz wie ein Mensch aus, z. B. der Bauer. – Mißverstandne Wahrheit ist freilich zu untersagen als solche, weil sie ja ein Irrtum ist, so wie ein verstandner Irrtum ja keiner. Aber dann liegt folglich doch nur das Mißverstehen, nicht das Verständigen der Wahrheiten dem Staate zu verhüten ob; oder er müßte ein Recht, Wahrheiten zu verbieten, kennen, das folglich ein zweites einschlösse, Irrtümer zu gebieten, und zwar die nützlichen jedes Jahrhunderts, z. B. im neunzehnten die des neunten.

So gut irgendeine Menschen-Masse über das Mißverstehen hinüberkam, so muß es jede andere ebensowohl vermögen und auf dieselbe Weise; nämlich dadurch, daß die Erleuchtung ihre Grade durchgeht, und daß man nicht die Sonne dem Monde, dem Morgensterne und der Aurora vorausschickt. Der Staat, wie eine Erziehung die Entwicklung bloß negativ besorgend, hat nur abzuwenden, daß das Volk nicht von hinten und in der Mitte anfange, nicht das Facit statt des Rechnens lerne.

Da nun das Volk weniger lieset als hört und die Kanzeln seine Buchläden sind: so bezieht sich für dasselbe das theologische Zensorat auf Prediger und auf keine andern Bücher als auf die symbolischen. Von dieser Untersuchung gehört nichts hieher als die kürzeste Meinung: symbolische Bücher sind jeder positiven Religion unentbehrlich, nur aber sollen sie von Zeit zu Zeit eine verbesserte Auflage erleben durch den geistigen Staat, nicht durch *ein* Pfarramt. Daher kann der Schwur auf symbolische Bücher, wenn er nicht einen sinn- und ehrlosen Gehorsam[5] oder ein Versprechen eines künftigen, also ewigen Glaubens, d. h. einer jetzigen Unfehlbarkeit ansinnt, nichts an sich schließen und bedeuten als, statt jenes Meineids gegen sich selber, das höhere Versprechen, den *Unterricht* des Volks an dessen lebendigen *Glauben* zu knüpfen, nicht aber umgekehrt diesen Glauben, der den ganzen heiligen Lebens-Kern und den Schatz aller Zukunft und Hoffnung in der dürftigen, von enger Gegenwart erzogenen Seele in sich schließt, durch ein flaches Nein wie ein Herz aus der Brust zu ziehen und nun die ausgeleerte Brusthöhle ohne Schwerpunkt auf dem Weltmeer alles Meinens treiben und schwimmen zu lassen. Gibt es etwas Grausameres als die Kandidaten-Sitte, dem Volke den Glaubensboden zu veschieben oder zu versenken in ein kühles Wort-Meer einer herabgetropften aufgefangenen System-Wolke – und nun auf das bodenlose Wasser doch Samenkörner auszustreuen? Kommt der leere Ertrag des Echo-Neins auf fünf oder sechs orthodoxe Irrtümer in Betrachtung gegen das köstliche Aufopfern und Auswurzeln eines alten Glaubens, der lebte und belebte? Erstattet ein Meinen irgendein Fühlen? Und wovon will man denn Impfreiser ernähren wenn man den wilden Stamm aushöhlet? Wahrhaftig, würde nicht zum Glück dem Nachsprecher auf der Kanzel nur wieder nachgesprochen in den Kirchenstühlen, sondern verstände das Volk genugsam die ihm

---

[5] Wie unwürdig des großen poetischen Namen Gottes-Gelehrten sind die, welche mit irgendeiner Selbst-Not das Recht eines Meineids und fortgesetzter Lehr-Lügen zu bekommen glauben, wie etwa der Talmud (Talm. XI. Biccurim K. 2. M. 1. Note 21. von Rabe) erlaubt, das Gesetzbuch zu verkaufen, um eine Frau zu nehmen.

dargereichte Unverständlichkeit: so müßte der Riß unheimlicher Meinungen in die einheimischen das Innere so schmerzlich auseinander teilen, als bei uns geschähe, wenn in unser Erkennen und Erproben der gegenwärtigen Welt plötzlich ein unheimlicher Geist einbräche mit seinen Sätzen einer zweiten, dritten, vierten Welt.

Eine andere Untersuchung wäre es – die aber seitwärts bleiben muß, wenn nicht eine in die andere fahren soll –, ob folglich nicht der Schulmeister- und Lehrstuhl größere Freiheit zu fremder Entwicklung besitze und begehre als der Kanzelstuhl. Denn dem Kinde ist jede Welt zu geben, indes im Vater bloß eine gegebene alte zu bewegen und zu befruchten ist; das Alter besteht aus lauter Gegenwart der Vergangenheit, die Jugend aus Gegenwart der Zukunft. – Das Kind, ohne Zeit wie ohne Sprache geboren, nimmt die fernste so leicht an als die nächste; ja der Schullehrer kann noch leichter in Zuhörern als der Autor in Lesern Jahrhunderte antizipieren. Nur gebietet diese zweite Untersuchung, die nicht hieher gehört, vollends eine dritte, noch fremdere, wie nämlich hier das Lehren gegen das feindliche Leben auszurüsten sei, die antizipierte Zukunft gegen die eindringende Gegenwart; obgleich dies bei der Jugend, für welche das Lernen eben ein Stück Leben und die Schulstube ein Weltteil ist, leichter angeht als bei dem Alter, an welchem eine neueste Schule zugleich eine älteste und ein reifes Leben bekriegen muß.

Doch erlaube man mir, auf einen Augenblick in die auseinander gerückte Schulstube, nämlich in den akademischen Hörsaal hineinzuhören, um zu wissen, welche Lehrverbote an dessen Türen anzuschlagen sind. Man kann fragen: wenn der Staat ein Recht hat, die Bildung des Volks und folglich zwar nicht das Schreiben, das der Welt und allen Zeiten angehört, aber doch das Sprechen öder Lehren, das nur einer bestimmten Zeit und Menge dient, zu bewachen: wo kann er den Hebel, der die hörende Volksmasse bewegt, besser ansetzen als auf der Akademie, wo der künftige Lehrer des Volks selber erst gelehrt wird und der Säemann gesäet, nicht der Same? Ein akademischer Lehrer wirkt bei gleichen Kräften tief er in den Staat hinein und hinunter als tausend Autoren, die er noch dazu mit bilden half; auf seinem Lehrstuhle dreht er eine Spinnmaschine von tausend Spindeln um. Eine Akademie ist die eigentliche innere Staatsmission und Propaganda, besonders da sie eben die rüstige, leicht empfangende und lange fortgebärende Jugend mit ganzen Generationen befruchtet.

Auf der andern Seite ist zu sagen: eben darum, eben weil die Akademie noch der einzige hüpfende Punkt, wo noch der geistige *Bildungstrieb* gestaltet, in den neuern Staaten ist, die nur durch *Gewalt* abformen und ausmünzen: so taste die Macht die letztern Staubfäden organischer Bildung nicht mit ihren Scheren, Poussiergriffeln und Lad- und Prägstöcken an. Der Staat lasse doch einmal den innern Menschen sich die lebendigen Gliedmaßen selber zubilden, eh' er ihm später die nötigen Holzbeine, fausses gorges, ventres postiches, barbes postiches und goldenen Hüften anschienet. Warum verliehen unsere sinnvollen Alten den Musensitzen ihre akademische magna charta? – weil sie *Sonnenlehn* des Musen- oder Sonnen-Gottes sind, weil der Erkenntnisbaum nur als Freiheitsbaum wächset, weil die Musen als Göttinnen in einer salpetrière oder Frohnveste und Wachstube sich nicht zum besten befinden. Man hat nämlich unsern ewig-jungen Alten bei den Meß-Freiheiten, die sie seinen Musenbergen und Musentälern gaben, nur politische Rücksichten untergelegt, ohne die höhere anzurechnen, die jeden Jüngling noch beglückt, der auf einer Akademie nicht geboren wurde, sondern erst inskribiert. Die akademische Zeit ist die Zeit der *ersten Liebe* gegen die Wissenschaften; denn wie die andere erste Liebe sogar vor dem gewichtigen realen Geschäftsmarine und Geschäftsweibe mit einem fremden Mai-Schein, mit einem Dichtungs-Frührote auf der schwarzen Moor-Erde umherfließt, und dann plötzlich verfliegt und versiegt, weil der Frühregen einfällt und den Lebenstag dumm-grau anstreicht: so ist die akademische Zeit eine poetisch-wissenschaftliche, welche (wenigstens bei den Schülern) nie mehr wiederkehrt – es ist der kurze Durchgang eines erdigen Wandelsterns durch die Sonne des Sonnengottes – und das nicht einmal bloß, sondern es ist das frische dämmernde Leben vor dem Morgenstern, der, wie dem Herzen, so dem Denken die schöne Aurora verkündigt, die später nichts verkündigt als nur eine Tags-Sonne – Alle Fackeln des Wissens sind der Jugend nur Brautfackeln, die künftiges Leben bloß anzünden, nicht einäschern – Der Glanz verbirgt dem Jüngling die Handels-, Kriegs- und andere Stadt, die sich um seinen Musenberg mauert, und der Lehrstuhl reicht ihm über jede Höhe, sogar den Fürstenstuhl hinauf – und die politischen

Sorge- und Weber-Stühle stehen und schnarren weit von ihm in der Heimat.

Wenn nun der Staat die Jugend als das Lebens-Herz seiner Zukunft schonen muß, dem er nicht genug Nervengeist und Blut zuführen kann, damit es unter der Quetschform hoher Akten-Kästen, welche dem Präsidenten, dem Departementsrat u. s. w. wie einem Griechen nichts mehr zu lesen erlaubt als Geschriebenes, noch ein wenig geistig-munter schlage, nicht in einem Winterschlaf nachzucke: so dürfen die Sitze auf dem göttlichen Musenberge nicht in Bänke von Bürgerschulen umgebauet werden; gegen die flüchtige Aurora des Idealscheins sind die Jalousie-Läden der hölzernen Realität nicht nötig. In Rücksicht der Lehrer sollte über die Frage, wie die Gewalt den Geist zu rektifizieren habe, wenigstens der Geist früher als die Gewalt entscheiden. Der gemeine Lehrer bedarf selten der Zensur, weil er meistens von selber das ist, was sie nicht verbeut; höchstens würde an ihm ein Johanniswürmchen zu konfiszieren sein, das den Mondschein unterbricht. Der geniale Lehrer braucht, gesetzt die bejahrte Menge wollte der Riesenkraft nicht erlauben, sich und andere zu emanzipieren, indes dieselbe Menge von derselben Kraft Freilassungen annähme, wenn sie jünger wäre, ein solcher Lehrer braucht über seinen Geist keiner Aufsicht, zumal von Körpern; – kein genialer Geist als solcher kann sündigen und schaden, nur das Talent; bloß Engel, nicht Götter können abfallen und aufhören. Man sollte deswegen vorher, ehe man über ein zufälliges Lehrgebäude erschrickt und gebeut, das ein Genius in junge Gemüter wirft, sich erinnern, da diese Gebäude, diese umgekehrten Städte und Länder und Säulen als morganische Feen von selber verrauchen, indes die gebärende Sonne bleibt und steigt, welche den Jünglings-Morgen mit den Gestalten ausfüllte; man sollte nämlich erwägen, daß der Jüngling besser jedes durchgreifende Lehr-, ja Irrgebäude bewohnt als gar keines, weil der systematische Körper verfliegt und der ideale Geist zurückbleibt. Was ist denn an irgendeiner Meinung überhaupt von Bedeutung ohne den Geist, der sie mitteilt, und den, der sie auffängt? Ist nicht dieselbe heiligste Religion mit denselben Meinungen und Strahlen bald wie Frühlingswärme, bald wie Mordbrand auf die Welt gefallen, je nach dem Wechsel der Geistes-Medien, durch welche die Strahlen fuhren?

Vierter Abschnitt
Zensur des Philosophierens über Regierungsform

Wenn die Vernunft Götter und zweite Welten in ihr Zergliederungshaus fordern darf: so hat sie auch ein *Recht*, dasselbe feine Messer an den Staat und seine Form zu legen, gesetzt sogar sie zöge daraus lauter Mängel ans Licht. Denn die Vernunft kennt in ihren Forderungen nur eine Menschheit, nicht einen einzelnen oder eine Menge. Ja jede Staatsform würde sich für Un-Form erklären, wenn sie fürchtete, vor dem Lichte, wie Hornsilber, schwarz zu werden und zu verlieren. Aber dieses *Recht*, sogar zu schaden, würde wohl keiner Philosophie den Weg in Staaten bahnen, die es lieber allein ausüben, wäre nicht zu erweisen, daß die ächte ihnen nichts bringen kann als nur *Nutzen*.

Nie hat Philosophie mit ihrem weiten Tageslicht, dessen Allgemeinheit nirgends auf die engen Punkte der Zeit verdichtet fallen kann, die Früchte der Leidenschaft reifen können. Das Licht hat keine Schwere und sucht statt der dicken Erde den leichten Himmel. Eben die philosophische Weite gibt, wie die dichterische, die duldende Überschauung der Menschheit und folglich jedes einzelnen Aktionisten daran. Die Philosophie löset, wie alle auflösenden Säuren, das schwere Metall – hier ists Krone und Zepter – so durchsichtig in sich auf, daß man nur das Menstruum, nicht irgendeinen Körper darin sieht.

Warum glaubt man überhaupt, daß verderbliche Bücher so großes Unheil stiften können? Ich wünschte, sie könnten dies stark und schnell; dann brächten gute desto leichter Heil; ja noch reicher; denn das Gute bliebe stets auf der Seite der Kraft, weil es nicht dumme Engel, nur dumme Teufel gibt. Aber Wissenschaft und Kunst gleichen eben jeder Musik, welche im großen Luftmeer nur liebliche sanfte Schwingungen macht, die nichts beugen und wegnehmen, indes die Faktion und Leidenschaft dem Winde ähnlich ist, der im Luftmeer strömt und niederreißt und heult.

Ist nicht alles Stärkste über alles schon tausendmal gesagt, und kann ein Buch verboten werden, das nicht ein Nachdruck der Vorzeit wäre?

Wuchsen die Staats-Umwälzungen seit dem Nachtschatten des Mittelalters mit dem Verdünnen desselben in Halbschatten, in Viertels-, Achtels-Schatten? Nahm Denken mit Empören in gleichem Verhältnis zu? In umgekehrtem höchstens.

Wankten und fielen vor der Erfindung des Drucks Thronen nicht öfter? Stiegen nicht die größten Wetterveränderungen in dem Dunstkreise des Geisterreichs ohne Dinte und Druckerschwärze auf durch Sonnen wie Christus, Sokrates, Pythagoras, welche sämtlich nicht schrieben? Nur erst unter seiner Auflösung fing der pythagoräische Bund zu schreiben an[6] .

Und doch war nur damals ein Autor das, wozu Friedrich der Einzige den spätern Autor ausrief, nämlich ein Regent des Publikums; und die Feder damals ein Zepter. Jetzt hingegen ist der Preßbengel ein sehr niedriger Regenten-Thron. Bücher wirken jetzt wegen ihrer Menge weniger, eben weil sie dadurch einander entgegen und folglich aufhebend wirken. Indes bleibt stets ein Sieges-Übergewicht (warum litte man sonst einen Drucker?), und zwar des schönern; denn eben die Menge der Bücher führt, *wie* und *als* die Menge der Zeiten und Menschen, ihr blühendes Gegengift gegen jede vergiftende Einzelheit bei sich. Wäre die Zeit – der Exponent der Menschheit – nicht eine Arzenei der Erde, sondern ihr Gift: so müßte dieses Gift, da es täglich zunimmt, uns mit jedem Jahrhundert fortschreitend mehr zersetzt und aufgerieben haben, und die Geschichte würde bloß der Krankenzettel eines großen Körpers sein, der immer mehr abstürbe.

Wenn die päpstliche Kammer bloß auf solche Memoriale, die sie abschlägt, lectum (*gelesen*) setzt: so tun dies wohl die meisten Lesezimmer. Ja die Obern setzen es voraus; denn sonst gäben sie keinem Zensor und Drucker »die Erlaubnis der Obern«; sonst könnte ja überhaupt der Bücherverleiher heute in einer Stadt so viele Engel leihen, als er Leihgroschen bekäme für ein Engels-Werk; morgen ebenso viele gefallene durch ein gefallenes, und so die gute Stadt wechselsweise in den Himmel und in die Hölle tauchen, hin und her sie lichtend und schwärzend.

---

[6] Jamblich. in vita Pythag.

»Gesetzt nun aber, um zurückzukommen,« – fragt hier Opponent – »ein Philosoph untergrübe das Prinzip einer Verfassung, den weiten schweren Thron, gleichsam mit seiner schwarzen feinen Rabenfeder: sollte in solchem Fall ein Staat nicht das Federmesser gegen die Feder ziehen dürfen? das fragt Opponent.«

Nein, wenn anders der Staat nicht den Arm des Stroms statt des Stroms selber abgraben oder wie Xerxes geiseln will. Der Geist, der Staaten umwarf, war der Geist der Zeit, nicht der Bücher; die er ja selber erst schuf und säugte. Wird denn der Autor nicht früher als sein Buch gemacht? Werther erschoß sich, ohne noch von Werthers Leiden eine Zeile gelesen zu haben. Christus bekam von Johannes die Taufe, bevor er sie einsetzte. Hat je das beste Buch eine einzige Mode des Mode-Journals, nämlich des ewigen, pariser, besiegt? – Nie durch sich, sondern nur durch die Zeit, die aber kein Buch ist, sondern höchstens ein Buchladen.

Gewöhnlich wird die französische Umwälzung als ein Beweis, wie leicht Schreibfedern zu Spring- und Schlagfedern werden, vorgeführt. Aber der noch stärkere Beweis, daß alle Schreiber nicht die Gewittermaterie, sondern nur die Elektrizitäts-Zeiger einer schon vorhandenen – obgleich folglich die Träger einer kleinen – sind, sollte allen andern lesenden Staaten dies sein, daß sie sich selber gleich bleiben und den gallischen sich gleich machen wollten. Die französische Literatur war in ganz Europa, die Umwälzung nur in Frankreich. Und was wurde denn selber unter dem gallischen Sturmwinde – der aus der Sandwüste endlich den höchsten Berg zusammen wehte – Neues gesagt, was nicht von den Griechen, Römern und besonders von den Parlamenten unter Karl I. schon mehrmals wäre erneuert geworden? – Warum lieset man jetzt diese Bücher zensurfrei, sogar in Frankreich, und wird nicht umgewälzt? – Darum, weil die Meinung zwar die Königin, aber auch die Tochter der Zeit ist – weil das Sonnenlicht der Untersuchung Völker wie den Diamant still durchfließt, indes das elektrische der Faktionen zerschmetternd einfährt.

Wer empört sich denn gewöhnlich? Gerade die beiden Klassen, welche am wenigsten lesen, weil die Bücher, in die Mitte des Staats angeschlagen, von denen, welche die Wurzel und welche den Wipfel bewohnen, schwer herab oder hinauf zu sehen sind, ich meine vom Volke und vom hohen Adel. Doch wird der Nebel und Dunst, der aus dem platten Meere des Volkes aufdringt, nicht eher zu einem Wolkenbruche gesammelt als am nächsten Berge eines Großen. – Hingegen wer lieset, die Gelehrten, die Mittelklasse – die Welt sage, ob alle Fakultisten je etwas anders gemacht haben als Manifeste bloß für andere, als Deduktionen, zwar gegen den einen Fürsten, aber doch für den andern Fürsten; oder ob andere logische Schlüsse als Friedensschlüsse. Stets unschuldig weiß, wie ein Hahnenkamm im Winter, steigen die Gelehrten auf ihren Schreibtisch, der ein Kriegs-Schachbrett mit rhetorischen Figuren ist, nie selber mit ihrer eignen. Sie sehen, wie Prediger, gern *Ketten* über alle Gassen gespannt, damit kein Lärm unter ihr feuriges Predigen einfahre; und die Lähmung, welche Setzer von den bleiernen Buchstaben erhalten, kommt ihnen früher durch die geschriebenen an die Hand.

Der einzige Fall, wo das Licht der Bücher gewalttätig wirkt, ist da, wo es gehindert und wo die matte Lichtspitze durch die Umkrümmung mit dem Lötrohr zu Schmelzfeuer verdichtet wird. Das stumme Frankreich bekam plötzlich eine Zunge, wie der stumme Sohn des Krösus; nur anders, teils *vor* einem Morde des Vaterlands, teils *zu* einem eines Vaterlandsvaters. Aber desto schlimmer, wenn die ungestüme Notwendigkeit spricht, nicht die lange sanfte Freiheit; wenn nicht der fromme Kirchner, sondern ein Erdbeben die Glocken läutet.

Wie verwandt ist damit eine Erscheinung, an welcher schon mehrere große freilassende Staaten irre wurden! Österreich unter Joseph II. ist der erste. Wenn nämlich plötzlich ein Volk ins Sprachzimmer und vors Sprachgitter gelassen wird aus der Zensur-Zelle, so weiß es kaum vor Überlust, was es sagen soll oder sagt; es gleicht Knaben, die nie mutwilliger toben als auf dem Wege aus dem Gehorsam der Schule heraus. Allerdings muß man Völker, wie Wochenkinder, nie *schnell* wecken, weil sie nach den Ärzten jähzornig werden. Ferner ist dann die Presse eine wahre Kelter, die auf einmal die reifen und halbreifen Beeren einer Traube ausdrückt. Mögen aber nie Alexander und Maximilian Joseph anders fortfahren, als sie anfingen, oder als Friedrich der Einzige noch fortfährt, und mögen beide sich gegen den Zufall damit trösten und rüsten, daß nirgends mehr Wind weht als eben unter der *Schwelle*, und daß folglich das Licht am leichtesten erlischt, wenn man es über sie trägt! – Was kann ein edler Fürst an seinem Thron-Himmel Schöneres sehen als eine Sonne, die er selber daran als Sonnengott vorüberführt? Seine einzige Vorsicht bei plötzlichem Freigeben der Federn sei bloß eine nicht zu kurze Nachsicht! –

Fünfter Abschnitt
Eintritt der Zensur

Sie kommt mit dem Kriege. Der Krieg ist, wie man in Frankreich sieht, der *Kaiser-Schnitt* der Menschheit: er entbindet gewaltsam die Geister; folglich mag in ihm eine fliehende Diktatur – da er selber die schlimmste ist – gebieten, auch den Büchern. Hier stehen fliegende Blätter selber unter dem Petalismus;[7] denn ein einziges steigt aus dem Loh-Boden der kriegerischen Zeit leicht als wilder Baum empor. Ein Blatt kann als Exponent der öffentlichen Stimmung, gleich einem Stammbuchsblatt – pagina jungit amicos –, die Gleichgesinnten verknüpfen und decken und nähren. So sehr die Wahrheit, wie oben gedacht, nur eine tönende, nicht wehende und bewegende Luft ist, so kann doch ein bloßer Ton, wenn er ein Gefäß von *demselben* Tone findet, es durch langes Verstärken auseinander schreien.

Derselbe Krieg, der bei dem freien Engländer den Preßgang oder das Pressen der Matrosen entschuldigt, mag also, da es leider kein Wort-Spiel ist, einen ganz andern Preßgang und ein anderes Pressen dem Drucker untersagen. Im Sturm der Staaten wie der Schiffe wird alles *angebunden*.

Allein es kann also nur in einer Zeit verboten werden, die selber zu verbieten wäre: und keinen Schriften ist das Leben zu nehmen nötig als eben denen, die das kürzeste haben.

---

[7] Petalismus war bei den Syrakusanern eine Landesverweisung nicht durch Scherben, sondern durch Olivenblätter.

Sechster Abschnitt
Philosophieren über die Religion

Religion ist etwas anders als Religionsmeinungen; es gibt nur *eine* Religion, aber unzählige Religions-Meinungen. Allein der geistliche Stand ließ sonst gern beide vermengen, um die heilige Unveränderlichkeit, welche der Religion angehört, auf die Meinungen hinüber zu spielen. Die Kirchenglocke war eine Präsidentenglocke, welche nur läutet, damit man nicht rede. Wie sonst die *Kühe* die heilige Bundeslade den rechten Weg zogen: so glaubte man in Klöstern, das Wunder ändere sich nicht sehr mit dem *Geschlecht*. Jetzt, seitdem man nicht mehr das theologische System für einen Strumpfwirkerstuhl ansieht, der sogleich so vollkommen wurde, als er noch dasteht, lässet man den Büchern ihren Lauf. Aber ich behaupte: nicht einmal Religions-Meinungen werden durch Bücher allein, ohne die Sonne der Zeit, welk oder reif. Luthers Werke veränderten das halbe Europa, bloß weil sie das Ganze schon verändert vorfanden, und weil er den theologischen Doktorhut mit dem sächsischen Kurhut decken konnte.

Der Staat werfe doch, um nichts von Büchern für seine Landes-Religion zu befürchten, einen Blick in die Reichsstädte voll Parität hinab. Die Menge lutherischer Streitbücher hat bis diesen Tag darin die Katholiken, und die Menge der katholischen die Protestanten unverändert bestehen lassen, ja beide nur schärfer gesondert. – So waren die Juden, als der Nürnberger *Rindfleisch* noch gegen sie so predigte wie gegen die Schweizer *Ochs*, zu nichts zu bekehren; erwidern sie nicht aber jetzt die höfliche Berliner Parität mit den größten Anerbietungen, sich nicht mehr auszuzeichnen durch Religion? – Buchhändler haben, wie Holländer, alle mögliche Grundsätze und Religionen im Laden und in Händen, teils als Sortiment, teils als Eigen-Verlag; changieren sie aber je ihre Glaubensartikel mit ihren Handelsartikeln? Verlegen sie nicht leicht entgegengesetzte Systeme und die Satiren darauf, ohne erschüttert zu werden, da sie in ihrem Handelsbuche schon den höhern synthetischen Standpunkt für alle Systeme zu besitzen hoffen? – Nirgends wohnt so viel Glaube als in England, wo ebenso viel gegen ihn geschrieben wurde, gerade wie dort die Preßfreiheit gegen die Regierung mit der Achtung für dieselbe und für den König in gleichem Verhältnis steht.

Der Kern der Religion, ihr geistiges Herzblut und Gehirnmark, welches fortpulsiert unter den zufälligen Herzbeuteln und Gehirnhäuten aller Landes-Regionen, ist von allen Bestreitungen der letztern unabhängig und lebt bloß von der Sitte und vom Herzen. Nur aber an diesem moralischen Marke und Blute kann dem eigensüchtigsten Staate gelegen sein, weil er sehen kann, daß die Fürsten aller drei Reichs-Religionsparteien in Deutschland gleich fest bestehen, und die Regenten auf der ganzen heterodoxen Erde gleichfalls. Religion als solche kann von Philosophie nicht erzeugt und erklärt, folglich nicht vernichtet werden; umgekehrt gibt erst Religion dem Denken Richtung und Stoff. Alles Denken kann nur das Gemeine, nie das Göttliche, nur das Tote, nicht das Lebendige auflösen und ändern; so wie uns nur die runde Erde, nie der gewölbte Himmel eben und platt erscheinen kann.

Ich wünschte, ein Staat ernennte eine Kommission, welche Haussuchung nach Religion täte: so würde befunden werden, daß die stärkste gerade in der Mittelklasse vorrätig sei, welche eben am meisten liest und lehrt. Die höhere Welt ist eine quai de Voltaire, nicht aber eben das Buchhändlergäßchen; denn sie hat wichtigere Dinge zu lesen – als Bücher –, z. B. Gesichter und die Zukunft. Wo waren im Mittelalter die rechten Atheisten zu suchen als neben und auf dem heiligen Stuhle, wo der Statthalter vom Sohne *des* Gottes saß, den er leugnete? Ich glaube nicht, daß im Ganzen ein Kardinal so viel *liest* und *glaubt* als ein Gelehrter. Die Zensur sollte also weniger einen census capitum als morum ausschreiben, keine Kopf-, sondern Herzenssteuer.

Bloß zweimal kann eine Religionsmeinung dem Staate bedeutend werden, erstlich wenn sie schnell ein-, zweitens wenn sie schnell abfährt, so wie das elektrische Licht oder der Blitz nur beim Ein- und nur beim Absprunge zerschmettert. Aber dies vermögen nur lebendige Bücher, Auflagen von *einem* Exemplar, kurz Sprecher, nicht Schreiber. Will demnach ein Staat verbieten – wiewohl jeder Magen schon schwach ist, dem man verbieten muß –, so führe er nicht Bücher-, sondern Menschen-Zensur ein und lasse statt der Schreibfinger die Zungen abnehmen. Alle großen Revolutionen machte die Stimme, keine der Buchstabe, der nur nachschreibt, was jene vorsprach. In diesem Fall ist aber ein Religions-Krieg; – und das obige Kriegsrecht der Zensur entscheidet umso mehr, da durch die Geistlichen alles zugleich länger (denn ein Religionshaß und -druck überlebt jede politische Zensur), damit schneller und heftiger brauset und gärt. Zuweilen scheint die sanfte heilige Taube über ihren Köpfen nur ein Zeichen zu sein, daß sie eben aus ihnen ausgeflogen. So verteilt fast typisch auf den holländischen Kriegsschiffen der Schiffsprediger unter der Seeschlacht das Schießpulver.

Siebenter Abschnitt
Zensur der Manier

In vielen Zensur-Edikten wird freies, stilles Untersuchen der Wahrheit und der Wahrheiten verstattet, nur aber fügen sie bei, in gemäßigtem Tone ohne Leidenschaft und Spott. Da nun kein Edikt eine Wahrheit voraussetzen kann – denn sonst braucht' es keines Prüfens mehr –, so kann die Foderung des gemäßigten, spaß- und feuerlosen Tons unmöglich nur *einer* Partei befehlen, sondern jeder, auch der herrschenden, folglich einem Pastor Göze so gut als seinen Gegnern. Mithin fällt der unschickliche Ton – gleichgültig worüber – in Polizeistrafe, insofern hier nicht eben die Rücksicht und Nachsicht eintritt, welche Sachwaltern Derbheiten gegen die feindliche Partei und Predigern auf der Kanzel einen Schimpf-Eifer gegen ganze Stände erlaubt. Aber zweitens kann das Verbot des Tons – der partiell gestraft werde – nicht ein Verbot der Sache einschließen. Ich wähle das stärkste Beispiel: ein philosophisches Werk sei in Blasphemien eingekleidet. Erlaubt es! sag' ich; denn eine gelesene ist keine gewollte. Ist denn eine gehörte, geschaute Sünde die meinige? Eher meine Erhebung kann sie werden. Gebt also dem lästernden Autor seine Freiheit und seine – Strafe; und lasset dem Leser den Rest.

In Paris kam einmal jeder, der einen Wagen hatte, in die Kirche[8], um die schrecklichen Blasphemien anzuhören, die ein Besessener unter seinen geistlichen Kur-Krisen ausstieß. Vielleicht waren damals durch den Gegensatz mehr religiöse und anbetende Gefühle in der Kirche als unter dem kalten Lobpreisen der Prediger, welche den Unendlichen in ihrer Paradewiege wiegen wollen. Auch lässet sich streiten, ob man nicht in großen Städten gegen die Kälte der Kirchenandacht etwas täte, wenn man von Zeit zu Zeit an höhern Festen irgendeinen Besessenen als Gesandtschaftsprediger die Kanzel besteigen ließe zum Lästern und dadurch das kalte Anhören und laue Nachbeten abwendete. – Um zurückzukommen, ich spreche also gar nicht dagegen, daß man, wie sonst, dem, der Gott lästert, die Zunge ausschneide; aber sie, wie die Zensur tut, dem Men-

---

[8] In die sogenannte heilige Kapelle, wo jährlich am Karfreitage ein Stück des heiligen Kreuzes und Besessene, die davor lästern, ausgestellt wurden.

schen vorher ausreißen, damit er nicht damit lästere, heißt ihn durch unhöfliche Voraussetzungen nicht delikat genug behandeln.

Achter Abschnitt
Zensur der Kunst

Ist von wahren Kunstwerken die Rede, nicht von Kunststücken, so verlohnt ein Religions-Edikt darüber nicht einmal der Druckkosten, weil ja in manchem deutschen Kreise und Jahrzehend kein einziges erscheint. Wer wird ein Pilatus-Gericht Jahre lang niedersetzen und teuer besolden, damit es einmal einen göttlichen Sohn verhöre? Ja, ists sogar, wenn er kommt, nicht besser, ihn nicht zu richten und hinzurichten? – Ein getötetes oder verstümmeltes Kunstwerk ist Raub an der Ewigkeit; eine unterdrückte Wahrheit wahrscheinlicher nur einer an der Zeit; weil kein gemeines Individuum, geschweige ein ungemeines wiederkommt; weil der Zufall wohl eine Wahrheit, aber nie ein ganzes Kunstwerk verleiht; weil mehrere Baumeister leicht dasselbe ähnliche Lehrgebäude zimmern, aber nicht Väter denselben ähnlichen Sohn erschaffen.

Daß ein Kunstwerk als solches nie unsittlich sein kann – so wenig als eine Blume oder die Schöpfung – und daß jede partielle Unsittlichkeit sich, wie partielle Geschmacklosigkeit, durch den Geist des Ganzen in sein Widerspiel auflöset, brauchte z. B. gestern weniger bewiesen zu werden als vorgestern. Auch könnte ferner ein wahres Kunstwerk mit seinem Scheine nur dem Volke schaden; aber eben diesem kann es ja nicht einmal damit gefallen; ihm folglich einen Tacitus, Persius, Plato verbieten, heißet dem Blindgebornen Tizians Venus untersagen. Die längste Schürze für Thümmels adamitische Grazie ist das Augenfell der Menge.

Dasselbe gilt für das Lachen der Kunst; und ich berufe mich hier (doch mit Einschränkungen auf Zeit und Ort) auf Schlegels Worte über das griechische Belachen der Götter[9] . Goldoni bittet in der Vorrede zu seiner Komödie, alles, was darin etwa gegen die Religion vorkomme, bloß für Späße dagegen zu halten. – »Das verbieten wir eben«, würde der deutsche Zensor sagen. Doch sobald er von gespielten, nicht von gelesenen Lustspielen spräche, hätt' er mehr Recht; aber leider auf Kosten unserer unsittlichen Zeit. Denn wenn in Griechenland bei den olympischen Spielen jedes Kunstwerk zensurfrei gedruckt, nämlich vorgelesen werden konnte dem ganzen

---

[9] Athenäum III. S. 252.

Volk; und wenn folglich in diesem Falle entweder das Volk keiner Zensur bedurfte, oder das Werk keiner, oder eigentlich beide: so beweiset der deutsche Fall, wie schlecht die Zeit sowohl lese als schreibe.

Hingegen jene Werke, die keine Kunstwerke, sondern nur Lyoner, Nürnberger, Augsburger Arbeit sind, weniger zum Kunsthandel als zur Handelskunst gehörig, dem Volke aus den Augen gestohlen und sich eben daher ihm wieder ins Herz stehlen, dürfen schon der Menge ihrer Leser und ihrer eignen wegen nur an den kürzesten Zügeln und Ketten der Zensur ins Freie gelassen werden, sobald sie die Unsittlichkeit aushauchen, wozu ihnen das Gegengift fehlt. – Und doch gerade diese reißenden Tiere gehen ohne Käficht reißend ab und auf, die strengen Zensoren erlauben eher die Befleckung eines Lese-Volks als eines Fürsten-Namens. Aber lieber werde selber Gott als die Unschuld beleidigt; denn eine gedachte (gelesene) Blasphemie stimmt die Phantasie zu nichts (höchstens zum Gegenteil), aber eine gelesene Unzüchtigkeit überreizt die junge Seele im Treibhaus des Körpers zur Fortsetzung. – Wenigstens sollte es Verbote, wenn nicht mancher Bücher, doch mancher Leser geben, nämlich für Leihbibliotheken.

Neunter Abschnitt
Zensur der Geschichte

Jetzt kommen wir erst ins innere Reich und Afrika der Zensur; die armen Zeitungsschreiber halten sich darin auf und zuweilen ein Magnat von Geschichtschreiber, ein Großkreuz unter Kleinkreuzen.

Denn was Religion und Sittlichkeit anlangt, so ist es wohl nichts als Pflicht der Dankbarkeit, wenn man freudig behauptet, daß beide jetzt ohne alle Gefahr von jedem anzufallen sind, viel leichter als irgendein Kleinkonsul eines Reichsdörfchens. Gegen den Regenten der Regenten – nur ein atheistischer Franzose kann mich hier mißdeuten – ist zum Glück alles zu sagen erlaubt, nur gegen dessen irdische Ebenbilder und Pro-Konsuls und Unter-Imperatoren weniger, so wie man etwa in einer türkischen Provinz unschädlicher gegen den Groß-Herrn als gegen dessen Klein-Herren und Beys eintunkt.

Bei dieser richtigen Entgegensetzung des Himmelsthrons und des Thronhimmels ist nichts so sehr zu meiden, als sie über die Grenzen zu treiben und dadurch auf zwei Abwege auf einmal zu geraten.

Der eine ist der kleinere und weniger bedeutende, da er sich bloß auf Religion, nicht auf Fürsten bezieht. Da nämlich jetzt den Betglocken nicht das Glockenseil, aber doch der Klöppel fehlt und man kein Läuten hört – da wir immer mehr aus letzten Christen wieder zu ersten werden, welche Taufe, Abendmahl und alle ihre Gebräuche äußerst geheim hielten vor Heiden – und da so vieler Anschein ist, daß die Seetaufe der Linie die Landtaufe überlebe, und daß, wie sonst die Bibliotheken in Göttertempeln, am Ende die Tempel nur in Bibliotheken aufbewahrt werden: so kann es unmöglich zu jener Überfurcht, die man den Berliner Monatsschriftstellern als diseurs de mauvaise aventure gegen Jesuiten und Katholiken schuldgab, gerechnet werden, wenn man sich denkt, es könnte dahin kommen – freilich nur künftig, nicht jetzt –, daß auf dem umgekehrten Wege die Bibel zum zweiten Male verboten würde, aber von Protestanten als zu religiös und schwärmerisch (was wohl schwer zu leugnen), und daß man sie, wie in England unter Heinrich III., wenigstens Bedienten, Lehrjungen, Taglöhnern, Weibern untersagte, indes man sie wohl aufgeklärtern höhern Ständen in der Hoffnung zuließe, daß sie es, wie das Buch de tribus impostoribus, mehr als Seltenheit und literarisches curiosum und mehr der Form wegen studieren würden.

Noch ist diese Furcht viel zu früh; in den österreichischen, sächsischen und andern Staaten ist große Preßfreiheit *für* die Religion erlaubt und nichts weniger zu befahren als ein Ir-Religions-Edikt, vom 9. Jul.

Aber der andere Abweg ist abschüssiger. Wenn wir die Bücher, die die Türken zu drucken verbieten, nämlich die religiösen, erlauben: so verbieten wir schon mehr die, welche bei den Ägyptern allein (denn die Wissenschaften kamen auf Stein) auf Papier geschrieben wurden, nämlich die geschichtlichen. Noch wird nicht jedes historische Geschriebene als verpestet durch den Essig der Zensur gezogen, z. B. eben Briefe. Wenn die venezianische Staats-Inquisition jedem untersagte, die Regierung sowohl zu tadeln als zu loben, so haben wir noch immer bisher unsere alte Freiheit, eine Regierung zu loben, als das größere Überbleibsel des ächtdeutschen Geistes zu verfechten gewußt und sie mit dem Verluste der kleinern Hälfte wohlfeil genug erkauft.

Uebrigens ist Deutschland jetzt wie bei den Alten die Leäna abzubilden, als eine Löwin ohne Zunge – ihr Verwandter, der englische Wappen-Löwe, hat außer noch größeren und schärfern Dingen auch eine rauhe Zunge im Rachen –; doch bleibt uns noch die Geistersprache; denn Paracelsus sagt sehr schön: die Sprache der Geister ist Schweigen.

Was uns dahin gebracht und uns die musa tacita der Römer als die zehnte gegeben zum Gleichgewichte gegen unsere neun: dieses darf nicht einmal vom gegenwärtigen Verfasser, so deutschfrei er sonst hier spricht, genannt oder von weitem bezeichnet werden. Wie unterscheidet sich dagegen von uns Frankreich, welches mit so großer Freimüthigkeit sowohl über deutsche Staaten spricht als über andere fremde! Möge dieser urbane Staat uns auch hierin Gesetz und Muster sein und uns so freimütig machen, als er selber ist!

Zehnter Abschnitt
Zensur der Reisebeschreiber

Man weiß, was sonst Zürich, Bern, Reichs- und andere Städtchen von ihren Bürgern foderten: es sollte, wie in Lesezimmern, nicht gesprochen werden, und wie in Gesellschaftszimmern, nicht gelesen. Kleine Staaten und Fürsten hielten alles Erkennen für böses Rekognoszieren der Dokumente und Truppen (von Juristen und von Feinden) und das Verraten der Gesetze, der Einkünfte, der Prozesse für ein Verraten der Parole; gleichsam als gäb' es nichts Öffentliches als den Krieg und die Gewalt. Jetzt hat Preußens Muster – von welchem sich unsere Jahre der geistigen Freiheit und der habeas-corpus-Akte datieren – und später Schlözers Briefwechsel – der uns einige Freiheiten der englischen Kirche zuwarf und dessen Verdienst um deutsche Freiheit bloß dadurch, daß er sich eine nahm, unschätzbar ist – die deutschen Städte doch so weit hingewöhnt, daß sie einem Reisebeschreiber, der durch sie mit dem Dintenfaß in der Linken und mit der Feder in der Rechten zieht, alles zu schreiben verstatten über alle Städte, was nicht gerade die betrifft, welche über die andern frei zu schreiben erlaubt; – so daß ein solcher Mann sein Tagebuch ganz unbeschädigt durch alle Städte durchbringt, wenn er nur jeder das Blatt aufopfert, das über sie selber handelt.

Eine Reichsstadt, worin sich die deutsche Reichs- und Kleinstädterei am längsten erhält – ausgenommen die beiden Reichs-Pole des deutschen Anglizismus und Gallizismus, nämlich Hamburg und Frankfurt –, lässet ungern etwas notifizieren, außer in Regensburg Kaiser und Reich durch den Gesandten; sie hat noch solche Gesetzgeber wie Sparta, nämlich Lykurge, die nicht bewilligen, daß ihre Gesetze geschrieben werden; regiert von gelassenen Personen mit der Feder im Mund, sehen sie den Mund in der Feder nicht gerne. –

Landstädte sehen nichts mit mehr Verdruß durch ihr Tor reiten – wenn sie eines haben – als einen Reisebeschreiber, welcher der Welt, die der Sache schon unter dem Lesen vergißt, indes das Städtchen sie Jahrzehende lang repetiert, alles vorerzählt, was man darin kaum leise zu denken wagte neben seinem Gevatter. Das Städtchen glaubt, es sei den Fremden (d. h. der restierenden Erdkugel) so bedeutend als ein Fremder ihm. Da es nicht vermag, über ein gedrucktes Buch sich wegzusetzen, weil selten ein Buch in der Stadt, diese noch seltener in einem Buch vorkommt: so glaubt der gute freundliche Ort, das Schlimme sei, wenigstens für die Welt, schon erwiesen, weil es gedruckt sei. Überhaupt ist der Deutsche so gern zu Hause und so bänglich vor jedem Ehrenfleck, daß er sich nicht ohne Grausen in die größte Gesellschaft ziehen läßt, die es gibt, in die von 300 000 Lesern; er kennt offne Türen nur bei Abbitten und Todesurteln. Kurz die Stadt will nirgends gedruckt erscheinen als auf der Landkarte; und etwa in der Reiseroute ihres Regenten.

Dörfer sind stiller, ja still zu allem, was laut wird von ihnen.

Residenzstädte – falls eine Reise-, ein Zeitungs-, ein sonstiger Schreiber sie abschattet und projektiert – sind liberaler und vertragen mehr Publizität von Wahrheiten, zumal von angenehmen. Ja, sogar an Verfasser von bittern sucht man, so wie man Klötzchen an Schlüssel knüpft, um sie nicht zu verlieren, ebenfalls (es sind lebendige Schlüssel des Staats, sagt man) etwas ähnliches entweder Schweres zu knüpfen, z. B. Fußblöcke, um solche immer zu behalten, oder etwas Lautes, wie an kostbare Falken Fuß-Schellen, damit sie sich nicht versteigen.

Eilfter Abschnitt
Zensur der Hof-Zensuren

Es gibt eine doppelte Publizität, die über die geheiligte Staatsperson des Fürsten und die über dessen Finanz-, Kriegs- und Regierungs-Operationen. Die Zensier-Freunde sehen gern die zweite mit der ersten verwechselt, um überall das Ventilregister des Schweigens zu ziehen und jede Untersuchung zu einer Majestäts-Injurie zu verkehren, als ob der Beweis des Irrens, er werde über einen Autor oder über einen Fürsten geführt, eine Beleidigung für die Ehre wäre. Kann ein Regent mehrere Ehrenpforten für seine Talente begehren als ein Plato, Leibnitz, Montesquieu, Rousseau, welchen allen man verschiedene Irrtümer ins Gesicht bewiesen? Mich dünkt, ein bescheidener Fürst müßte sich eher jenen Großen gleich setzen als ihnen überlegen.

Da ein Regent allen alles befiehlt: so kann er leicht glauben oder für nötig halten, auch alles zu wissen; allein niemand fodert diese Überzeugung. Wenn Friedrich der Einzige die deutsche Literatur rezensiert; wenn Bonaparte nach einem 2 Seiten starken Auszug aus Kants Kritik nichts sagt als sie sei pleine de bizarreries, sans suite, sans conséquence et sans but: so ist klar, daß beiden Großen – ungeachtet ihrer Falkenblicke durch die lange Zukunft und über die breite Gegenwart – dennoch, im Falle der eine ästhetische Professuren, der andere philosophische organisieren wollte, einige Maßregeln von ungekrönten Köpfen von wahrem Nutzen wären. Folglich erlaube der Regent über jede seiner Operationen die freieste öffentliche Untersuchung; denn entweder seine Untertanen werden *gegen* ihn überzeugt: so handelt er wie im Falle des Kriegs, gegen welchen alle Moralisten seit Jahrtausenden schreiben und schreien, und in welchen doch alles vom Größten bis zum Kleinsten mitzieht, und allen ist Körperzwang durch Geisterfreiheit versüßt; oder sie werden *für* ihn gewonnen: so gesellt sich das Licht zur Macht. Ob er nun überhaupt lieber der Mond sein will, der die Flut nach Kartesius durch *Drücken* erregt, oder der Mond, der nach Newton sie durch *Ziehen* hebt, ist leicht entschieden. Will man nicht Städte und Dörfer als bloße Wirtschaftsgebäude des Thronschlosses stehen lassen: so setzt jedes Verbergen ein Bewußtsein voraus, das selber noch mehr zu verbergen wäre; es ist eine Kriegslist mitten im – Frieden.

Eine andere Publizität ist die der Zeitungsschreiber.

Wenn man hört, wie frei der Engländer in Zeitungen und im Parlament alle andere Höfe behandelt, und wie frei seinen eignen Staat, worin eine stehende Opposition ohne ein stehendes Heer, wie bei uns dieses ohne jene ist; und wenn man doch vernimmt, daß die Minister und der Hof und der König alle Nebel niederglänzen, welche jedes Abend- und Morgenblatt aufsteigen lässet: so begreift man nicht, warum irgendein Hof furchtsamer ist bei kleinern Folgen, die ihm jede freie Presse schicken kann, welche bei *seinen* Untertanen doch nur die *Gespräche* wiederholt. Oft verbieten große Höfe Nachrichten, die nirgends bekannt sind als in Europa, als ob das Gespräch nicht schlimmer wäre, da es alle Stärke der Heimlichkeit und alle Verworrenheit und Einseitigkeit der augenblicklichen Geburt und der gemeinen Väter behält.

Es werden mehr Lügen gesagt als gedruckt; und die mündlichen sind kaum umzubringen, aber die schriftliche leicht. Da Fürsten eigentlich nur nach Höfen und Thronhimmeln fragen und sehen, weniger nach dem tiefen Boden, wo das Volk wimmelt: so scheint es, müßten sie statt aller Zeitungen, die nur *dieses* belehren, lieber die Gesandten zensieren und fürchten, die *jenen* vier Wochen früher sowohl die größten historischen Wahrheiten als Nachrichten zufertigen. Welche schwarze Schreckbilder können sie überhaupt im Dintenfaß und Druckerkessel erblicken, wenn sie in ihrem eignen Lande den feindlichen Manifesten – die immer mit wahrer Freimütigkeit geschrieben sind – umzulaufen zugestehen, während der Feind mit Körpern an der Grenze steht, dem sie eine Werbung der Seelen auf ihrem Territorium verstatten? – Und doch machts der Feind ebenso, und nichts schadet. Dies setze nur jeder Regent des Landes voraus; er vergleiche sich nur kühn mit den Regenten des Publikums – wie Friedrich II., der auf jede Weise regierte, uns Autoren zusammen benennt –: Himmel, wie werden wir Karten- und Schützen-Könige der Welt von den vielen Zeitungen, welche jetzt von den Mitlesern gehalten werden, zerrissen und verstäubt – mit Impfnadeln zerstochen, mit Wundspritzen befleckt – in effigie an unsern Ordensketten aufgehangen – auf Federn, als Schandpfählen, lebendig gepfählt – nach Siberien geschickt, auf dem Kopf mit San-benitos voll Flammen – kurz viel ärger zerstückt und beschmutzt als die niedlichste Kleiderpuppe, die ein Kind Jahre lang herumge-tragen und ausgezogen, oder als alte Ordensbänder, die ein Jude zu Wickelbändern verkauft! – Und doch wachsen, wenn man einen solchen durchschossenen Regenten der Welt selber besieht, ihm täglich lustige schwere Zweige, und seine Farbe ist sehr munter und grün – er wiegt seinen Gipfel ruhig – er weiß kaum etwas vom Waf-fen-Tanz um seine Rinde und ist gar nicht zu verwüsten.

Warum scheuet aber ein Fürst politische Zeitungen mehr als ein Autor gelehrte und erlaubt nicht jene so frei als dieser diese? Denn wenn er vierzig Blätter zu Eselsohren eingebogen hat, und doch das 41te, z. B. britische, nicht krümmen kann, sondern es wie einen Eilboten aus London fliegen lassen muß: was hilft ihm die Quaran-täne einer Vierziger-Mannschaft, wovon der 41te ansteckt? – Es hilft ihm nichts, aber nur darum, weil das Gegenteil ihm nicht schaden würde: denn an der Zeit stirbt die Zeitung, Kronos verschlingt so-gleich sein Kind. Ja wie ein gekrönter Schutzengel der Menschheit aus wohlwollenden Gründen, so wird ein Würgengel derselben, wie Tiberius, aus selbstsüchtigen der Sprech- und Schreibsucht alles erlauben, als den besten Ableitern der Handelssucht. – Aber wozu dieser düstere Beweis? Der Ruhm und Ruf eines Fürsten – wie jeder historische – ruht ja nicht auf einzelnen zufälligen Tatsachen, die so leicht zu erschüttern, zu verdecken und zu erdichten sind, sondern auf dem unwandelbaren unverhehlbaren Geist, der durch ein gan-zes Leben zieht. Der Geschichte können Fakta, aber nie Geister ent-wischen; und ein Geist, welcher fähig wäre, zumal in der Höhe des Throns, gleich einer Sonne die ganze Wüste seiner Natur mit lauter Lichtwolken zu überdecken durch ein ganzes Leben hindurch, nun ein solcher wäre denn ebenso groß, daß er nur eine Sonne, nämlich ein lebendes wohltätiges Gestirn sein könnte und kein feindseliges.

Soll endlich nie eine wahre freie Geschichte geschrieben werden als lange nach dem Tode des Helden, wenn schon Zeugen und Er-innerungen vergangen und Proben unmöglich sind? Und ist zum Tadel des Helden eine so alte Vergangenheit erforderlich als zur Epopee desselben? – Und wie alt muß sie sein? – So viel ist leicht zu entscheiden, daß der Hofprediger noch sehr zu loben hat als Lei-chenprediger; aber schwerer läßt sich sagen, wenn, unter welchen

Regenten eines Hauses die Independenzakte der Wahrheit über die vorigen eintrete in Gültigkeit. In Paris z. B. getraute sich wohl jeder unter Ludwig XIV. über die Karolingischen Könige alles frei zu schreiben, was man eben davon weiß; bei welchem aber unter den Capetingischen Königen die Freiheit, einen davon zu messen, aufhört, ob bei Heinrich IV. oder erst bei Ludwig XIII., ist eine gefährlichere Untersuchung. Was wird aber aus der Geschichte, wenn sie ein regierendes Stammhaus nicht eher beerben kann, als bis es ausgestorben ist? Soll, wie in Italien bei einem Leichenbegängnis, bloß der Tote aufgedeckt, und alle Begleiter desselben verlarvt ziehen? – Ebenso viele Inkonsequenzen des Tons gibts im Raume. Große Staaten erlauben über kleine alle Freiheiten der Sprache; kleine aber nicht über jene; als ob das Recht nach der Areal-Größe wechselte. – Ferner: über Reichsstädte und Republiken gaben die Monarchen gern den Autoren den Binde- und den Löse-Schlüssel zugleich – über sich den letztern –; und für wie frei die Deutschen die kaiserliche Republik ansehen, beweiset am besten der Ton, womit sie von Bonaparte als von einem ersten Cäsar sprechen, der andern Cäsarn seinen Namen leiht.

Über die 13 vereinigten Staaten wird von allen deutschen Thronen, weil jene *unter* ihnen sind, sogar topographisch, und noch dazu frei, ein freies Wort nachgesehen. – Führen zwei Monarchien Krieg, so können Gelehrte so lange manche feindliche Gebrechen aufdecken, bis man den Frieden schließt und damit ihnen den Mund. Aber ganz mit Unrecht; denn so wie der römische Bürger bestraft wurde, der, ohne Soldat zu sein, den Feind umbrachte, so kann – den vom Staate bevollmächtigten Gelehrten ausgenommen, der das Manifest aufsetzt – keine Privatperson vom Kriege andere Rechte zur Freimütigkeit gegen die feindliche Souveränität erhalten, als er schon vom Frieden hatte.

Allerdings ist der erste kalte Schauder, der auch einen besten Fürsten vor einem aufgeschlagenen Buche überläuft, zu denken und zu retten. Er hat schon von seines Gleichen her keinen andern Ton gewohnt als den geselligsten, der nichts stärker fürchtet, als sich oder andere zu verstimmen; wie viel mehr folglich von seines Ungleichen! Seine ganze Erziehung (durch Hofmeister und Hof) ist fast eine für die feinere Gesellligkeit; jede Stunde, die er älter wird, schafft er mehr Gesellschafter an und mehr Hofmeister ab, bis er zuletzt die Rolle der letztern allein übernehmen muß, und (wie die Zöglinge beweisen) nicht ohne Glück, insofern ein Hofmeister wenigstens nichts Höheres von seinen Schülern begehren kann als seine – Nachahmung. Dieser gesellige Ton der großen Welt – welche die größte wird am Hofe – ist nichts anders als die große stärkste Liebe, wie nämlich Leibnitz letztere definiert: amare est, sagt er, felicitate alterius delectari; Lieben heißt, sich sehr ergötzen an fremder Glückseligkeit. Nie geht ein Hof abends seliger (er spricht bis Sonntags davon) auseinander, als wenn der »Herr« besonders aufgeräumt gewesen; nicht etwa bloß aus Eigennutz – der am Hofe weniger im Trüben als im Hellen fischt, weniger aus der Mißlaune als aus der Laune –, sondern wirklich, so sehr er auch fortfischt, aus einer Anhänglichkeit an den »Herrn«, welche durch langes Familien-Beisammensein etc. etc. etc. etc. weit mehr aus einer vorgespiegelten zu einer innigen werden kann, als man voraussetzt. Und umgekehrt; Herr und Diener gewöhnen sich in einander – das ewige Sehen versüßt gegenseitige Eigenheiten – alles wird zu einer *Krone* geschoren, vom Mönch an und vom Hofweibe, das als Blume schon eine Blumenkrone trägt, bis zum Hofmann, dessen Baum Le nôtre[10] zu einer Krone schneidelt – O man ist so glücklich! –

In der Tat reifen an dieser warmen Sonnenseite und Sommerwende des Thronhimmels (wenn mir wie andern in der Ausschweifung fortzufahren verstattet wird) gesündere Früchte, als man vermutet.

Gerade der allgemeine Hof-horror naturalis, dem »Herrn« nur zwei unangenehme Stunden zu machen – Tage werden selten daraus –, lässet jeden, auch den kühnsten rechtschaffensten Günstling, länger am Thron-Rande feststehen, als sonst wohl selber manche fürstliche Gewohnheit, mit Menschen und Sachen zu wechseln, gern litte. Will denn nicht oft ein ganzer Hof mit tausend Freuden einen Günstling fällen und alles Teure, ja Teuerste dazu opfern, wenn nur nicht jeden das Grausen vor der verdrüßlichen Stunde starr machte, die er dem Herrn durch die Entdeckung zubereiten muß, daß der Schoßmensch dessen Giftmischer sei? Gewöhnlich wird ihm daher selten ein welker Günstling aus der Hand gezogen,

---

[10] Le nôtre war bekanntlich ein Deutscher; daher hießen ihn die Franzosen den ihrigen.

wenn ihm nicht ein fertiger sofort auf der Stelle darein zu geben ist. Bezaubern ist gefahrloser als Entzaubern; daher wird zu dem letztern oft ein Weib genommen, damit doch einiges Gegengift bei der Hand sei.

Die meisten Schreiber stellen sich das Verdienst, eine scharfe Wahrheit wie einen Hofdegen mitten im Lustball aus der Scheide zu ziehen, zu leicht und noch bequemer vor als die Kühnheit, gegen eine Gesellschaft von ihres Gleichen eine schneidende Wahrheit zu entblößen; denn sie denken sich überhaupt den Hofmann zu kalt und hart, da er doch mehr dem Hagel gleicht, der nur außen eine Eisrinde hat, innen aber zarten weichen Schnee. Was bleibt nun der Wahrheit und dem Throne übrig? – Bücher. Da manche bittere Wahrheiten mündlich ohne jene Versüßungen gar nicht zu sagen sind, die oft ihre Wirkung aufheben – so wie etwa der spanische König nach der alten Sage vom Papste am grünen Donnerstage exkommuniziert und sogleich absolviert wurde –; da nach einem altdeutschen Sprichworte[11] ein Stein durch keinen Fuchsschwanz zu behauen ist: so übernehme das tote Buch die freie Sprache und richte kühn die Welt und mit ihr *einen*, der sie wieder richtet. Deswegen werde dem tiefern Chorton der Bücher sein Abfall vom Kammerton der Geselligkeit mehr zugute gehalten – und lieber werde der Sache der Ton verziehen als dem Ton die Sache; wenigstens sollte die Zensur lieber zugleich erlauben und bestrafen, als beides unterlassen.

Bücher haben neben dem Vorteil der *Stärke* der Stimmen noch den ihrer *Mehrheit*; beides gehöret dem tiefen breiten Boden an, aus dem sie aufsteigen zur Thronspitze. Physisch hört man zwar besser in der Höhe die Tiefe, aber moralisch besser in der Tiefe die Höhe; und die Hofgeheimnisse erfährt das Volk wenigstens leichter als der Hof die Volksgeheimnisse.

---

[11] In Lehmanns Florilegium politicum.

Zwölfter Abschnitt
Tonmesser des deutschen Tons über Fürsten

Noch ist der Ton schlecht; wenigstens schlechter als der gallische und britische; entweder schreitet er in süßlichen, auch falschen Quinten fort, oder er gibt die harte Sekunde anmaßender Nähe und Rüge an. Warum? fragt man – Warum, antwort' ich, kann der Deutsche nicht einmal seinem Vetter, Gevatter, Vater ein Werk in so gutem Tone dedizieren als irgendein Franzose, ohne in jenen alten akademischen zu geraten, womit er sonst nicht den Vater, sondern den Landesvater teils in Verse-Stichmen, teils in Hut-Stigmen ehren wollte?

Freilich hat er den ehrlichsten und langweiligsten (Ton) von der Welt. Noch fehlt unter allen Werken der Erde das allerlangweiligste, wiewohl es blattweise umläuft; nämlich ein mittelmäßiger Oktavband gesammelter deutscher Zueignungen. Wer sich ihn nur denkt, gerät in Schweiß; werd' er nie gesammelt, der Oktavband! Der Deutsche versteht es viel leichter, jedes Lob zu verdienen, als eines zu geben; dem Franzosen wird sogar das Umgekehrte leichter. Ganze Bände Lobreden, wie von d'Alembert und noch mehr von Fontenelle, sind noch jetzt unsere Lust und Lehre; aber man lege einmal die Bibliothekenleiter an eine ähnliche deutsche Bibliothek an! Warum nun ist der deutsche Lobredner fast so langweilig?

Einige Ursachen lassen sich sagen; denn alle geben, hieße fast die Wirkung geben.

Der Deutsche ist redlicher als jede Nation; nur er darf die Phrase »*deutsch handeln*« für »*gerade handeln*« nehmen – »italienisch, französisch, englisch, irländisch handeln« bedeutet bei den Völkern selber etwas anderes –; und zugleich ist er als Volk von Natur unpoetischer als jedes.[12] Kommt er nun in die Empfindung des Bewunderns: so wird sie, wie jede, so überschwenglich, daß er, wie die Römer vor ihren Kaisern, die Akklamationen 60mal wiederholen möchte – und daß er um die Überfülle des Stoffs den Reiz irgendeiner Form, welche dem Gegenstande Langeweile und Erröten er-

---

[12] Allein eben darum ist der Einzelne darunter poetischer, weil das Gleichgewicht aller Kräfte dem Individuum zur höhern dichterischen Unterlage dient.

sparte, ganz zu ziehen versäumt. Er wünschte nur, der Deutsche, daß es noch etwas Höheres gäbe als »höchste Bewunderung und Verehrung und die Nachwelt«, daß er noch tiefer in Ehrfurcht ersterben könnte als zu den Füßen u. s. w. Ja, weil das Gefühl auf einmal kommt, wenn er sich vor das Zueignungs-Pult stellt: so wird ihm, so lange als er Papier und Dinte vor sich sieht, glaublich, er habe dieses Gefühl *zuerst*, weil *ers* zum ersten Male hat; und verhofft, der Welt so viel Neuigkeiten zu sagen als ein Liebhaber, der von seiner Geliebten spricht. Jedes poetische Regieren über eine Empfindung setzt deren längeres Alter voraus.

Ferner ist wohl niemand gegen Höhere so höflich als ein Deutschmann seit einigen Säkuln; wieder aus tausend langweiligen Gründen, wovon hundert hier genug sein mögen. Da der deutsche Gelehrte (besonders sonst) tiefer als der ausländische von den höhern Ständen abliegt; da er sie also halb im Nebel, halb im Glanze sieht: so kennt er weder deren Sitten noch deren Werth; er schmeichelt sich, mit seinem Lobe wacker zu überraschen; er setzt, um den Lorbeerkranz für den Fürsten nicht zu klein zu flechten, ihm lieber den ganzen Lorbeerbaum mit steifem Stamm und hängenden Wurzeln auf den Kopf; er sagt zu einem fürstlichen Windspiel und Bärenbeißer, so wie der Holländer alle Hunde ihrzet, Vous – er wünscht dem Pferd, das er vorreitet, etwas von der Kunst jenes alten, den Trajan anzubeten, um schließen zu lassen, was vollends geschieht, wenn der Reiter absteigt – kurz die Dedikation bückt ihn so, daß er sich nicht eher wieder aufrichtet als in der Vorrede, wo er (verhältnismäßig) sehr keck wird und groß.

Wenn der Franzose der Kammerdiener Europens war – sonst; denn jetzt hat er genug zu tun, will er zu Hause nach dem Bruderkuß den frère servant vorstellen –: so war und ist der Deutsche der Schuhknecht, Bäckerknecht, Reitknecht, Stückknecht, Hausknecht noch in den meisten Städten der Erdkugel; bloß der deutsche Boden wurde nie von Ausländern besiegt, desto mehr dessen Autochthonen, die wenigen ausgenommen, die aus dem höflichen Kur- oder Angelsachsen nach dem groben Angel-Land abgingen und daselbst verblieben.

Wenn viele das Sonst und das Jetzt der Franzosen tadeln – z. B. die ekel-weiche Preis-Aufgabe der französischen Akademie, welche

Tugend Ludwigs XIV. die größte sei, oder die ruchlose Leichtigkeit, Bonaparte zur göttlichen Providenz oder gar vollends Robespierre zum Wiederschöpfer des Schöpfers auszurufen –: so bedenk' ich für meine Person dagegen sehr, daß sie ihre eigene Weise haben und lieben, nämlich schimmernde Gegensätze nicht nur zwischen Sprechen und Glauben, sondern auch überall, so daß sogar der bescheidenste Mann (wir haben das Beispiel) ganz leicht von ihrem Redner-Witz ein Lob annimmt, das er bloß für den Bestandteil eines Einfalls und einer Einkleidung ansehen darf, wenn er nur will – Und Himmel, wie sind sie – das vermag keine Delikatesse deutscher Kleinstädterei – so artig-pikant, so verbindlich-keck! Welcher Deutsche hätte wohl in der französischen Akademie so philosophisch-kühn über Fürsten-Pflichten gesprochen, da der bewunderte Kaiser Joseph II. darin war, als d'Alembert getan? Hätte man nicht lieber die Schweißkur[13] des Belobens dem hohen Grafen von Falkenstein verordnet? Ja, hätte man ihn nicht gar, wie auf deutschen Akademien Prinzen geschieht, zum Rector Magnificus erhoben? Oder welche deutsche Fakultät hätte, wenn Heinrich IV. zu ihr am vollen Hofe gesagt hätte: »Das ist der tapferste Mann des Königreichs«, so kühn wie der französische General versetzt: »Vous avez menti, Sire, c'est Vous«? Welche Fakultät (die philosophische will ich ausnehmen als eine weltweise) hätte so scheinbare Tadelbriefe an alle Großen des Reichs geschrieben, wie Voiture gethan? – Noch such' ich in den deutschen Kreisen, z. B. im kursächsischen, nur die, welche einem Swift durch das Imprimatur zuließe, eine Scherz- und Zank-Folie einem wahren Glanz-Lobe des Lord Sommers unterzulegen. Wirklich foliierte Swift so vor dem Märchen von der Tonne; aber was würde ein Deutscher dazu sagen, nicht ein Fürst, sondern ein Zensor? – Dieses gewiß: »Soviel nämlich« (brächte er vor) »hoff' er doch zu wissen, daß der Respekt, den ein Privater Fürsten und Lords Sommers schuldig sei, nie erlaube, von solchen anders zu sprechen lobend, gedruckt besonders, als etwa so: Ew. Ew. werf' ich mich alleruntertänigst zu Füßen und ersterbe etc. etc.«

Noch ein Grund des deutschen Lang-Tons in jedem Lobe ist schon in der *Vorschule der Ästhetik* angegeben. Ich zitier' ihn daher

---

[13] Die Nordamerikaner setzen ihren Gast zuerst in ein Schwitzbad, dann an den Tisch.

bloß; – denn endlich ists doch zu merken, daß sogar die bloßen hundert Gründe, worauf ich mich einschränken wollen, nicht ohne alle Langeweile aufzögen hintereinander – – und es ist der, um kurz zu sprechen: »daß eben der Deutsche, der wie ein Apostel in alle Welt geht, nie gern vor aller Welt erscheint, außer herrlich gekrönt, gepudert, gelockt, geschminkt. Kants Biographien scheueten sich, die Herren namentlich zu nennen, die bei dem Seligen mittags gegessen, was doch meines Merkens ja nichts ist als eine wahre Ehre.« – Nur über seinen Bedienten Lampe wird auffallend freimütig gesprochen – als ob die sittliche Ehre eines Hausdieners anders zu behandeln wäre als die eines Staatsdieners –; es ist aber noch nicht entschieden, was, wenn nicht Lampe, doch seine Verwandtschaft darauf tun werde.

In die alte Dessauer Kinderzeitung wurden die Namen mancher Kinder eingerückt, welche die Rute oder sonst etwas verdient hatten: ich weiß aber nicht, ob sie jetzt als Erwachsene mehr die Öffentlichkeit ertragen als andere Deutsche. Auch der Reichs-Anzeiger –: unser papiernes Regensburg – tut viel dadurch, daß er uns alle verknüpft, auskundschaftet, ausspricht und, wenn wir nicht ehrlich bezahlen wollen, frei zu nennen droht; doch wird diese fürchterliche Strafe, vielleicht als eine verbotene Selbsthülfe, selten vollstreckt.

Dreizehnter Abschnitt
Definition eines Zensors

Alles bisher Gesagte sei falsch: so bleibt doch wahr, daß das Zensor-Gericht einzig in seiner Art ist. Man braucht nur zu fragen: Quis? quid? ubi? cur? quomodo? quando? quibus auxiliis? so hört man folgende Antworten:

Quis, wer richtet? – In erster Instanz[14] *ein* Mensch, häufig von unbekanntem Namen, wenigstens literarisch; ein heimlicher Femrichter; die 70 Ältesten sind nicht die Richter, sondern oft die Parteien *eines* Jüngsten.

Quid, was zensiert er? – Alles, das Beste und Schlimmste, er ist der Richter nicht nur der Lebendigen, sondern auch der Ungebornen, der Bücher und der Manuskripte – das Werk sei eine herrliche Wucherpflanze der Gelehrsamkeit, oder ein Frucht- und Blumengarten des Genius: der trockenste Zensor kann es abmähen – ja es sei ein Giftbaum, er kann es entlauben auf seine Gefahr – der Prosaiker richtet den Dichter, übend an der poetischen Gerechtigkeit prosaische; der rohe Sinnen-Geist richtet den tiefen Weltweisen.

Ubi, wo? – Am zufälligen Druckerort, auf seiner Studierstube; was er verbietet, erfährt man selten; nur wenn die Türe der Zensur jemand einlässet, klingelt sie. Denn da er die Gerichtsbarkeit über Hals und Hand und über Haut und Haar besitzt und folglich ebensogut verstümmeln kann als hinrichten: so kommt kein Mensch darhinter, was er abgehackt; und jede Form, worin er mit Hebammen-Hand den neugebornen Kopf gegründet, verantwortet der Vater.

Cur, warum? – Um teils das Leben, Besoldung, Zensurgroschen davonzubringen, teils für Land und Länder zu sorgen als geistiger Landrichter; teils aus andern Gründen, – teils aus Furcht vor Re-Zensur.

Quomodo, auf welche Weise? – Auf keine der schwersten. Er liest und siegt; er schreibt nämlich das Imprimatur entweder teils darun-

---

[14] Die Appellation an das ganze Zensur-Kollegium fällt einem an Geld, Zeit und Gelegenheit armen Autor oder Verleger oft schwerer, als das Gesetz annimmt.

ter, teils nicht, oder er streicht bloß wie ein Regisseur ein Stück zum Aufführen. Für das Streichen denk' ich mir zwei gute widersprechende Gründe: ein Zensor kann erstlich, wie Fortius (nach Morhof) sich für seine langen Reisen die besten Blätter aus Büchern ausriß, gleichfalls so die bessern Stellen streichen, um sie etwa zu behalten, wie Rousseau nur das merkte, was er nicht aufschrieb. Er kann aber auch zweitens durchstreichen, weil am Buche mehr ist als an ihm; – weil er, der Streicher, der Himmel weiß aus welcher Despotie, Furcht, Rohheit und Einfalt, sich einbildet, seine Ungedanken-Striche seien Taktstriche der Sphärenmusik des Alls, Demarkations- und Zirkumvallations-Linien der Staaten, und das Linienblatt der Zukunft werde rastriert von seiner Hand. Ist dies: so jauchz' ein Autor über jede Zeile, die man ihm erlaubt; besonders da der Staat den Zensor immer nur über das Verstatten, nie über das Verbieten zur Rede stellt. Warum aber wird eben der Zensor nicht wieder zensiert? Warum wird sein liquor probatorius – seine sympathetische Dinte (eigentlich eine antipathetische) – nicht wieder probiert? Warum reicht er wenigstens nicht von Zeit zu Zeit zum Zensur-Kollegium ein kurzes Verzeichnis der *Druckfehler* ein, die er hat nicht machen lassen? Warum hat jedes Kollegium eine Registratur, und nur das zensierende keine?

Würde nicht, kann man fragen, wenigstens ein schwacher Anfang zu einer solchen Registratur von erratis oder corrigendis gemacht, wenn jeder Autor dazu das Wenige aus seiner Erfahrung, was zensierend ihm ausgestrichen worden, publizieren wollte? Gewiß wäre auf diesem Steige manches zu sammeln, was sonst verloren ginge, und was doch künftigen Zensoren diensam wäre. Dies ist die Ursache, warum ich zuweilen meine eigenen Zensoren bekannter machen wollte als sie mich; nur steh' ich noch an, obwohl aus andern Gründen. Denn so hat z. B. – um nur einiges anzuführen – der sonst liberale Zensor meines in Berlin gedruckten *Titans* – Herr v. L-tz – im ersten komischen Anhang desselben eine Satire »Leichenpredigt auf einen Fürsten-Magen« so frevelhaft und taubblind durchstrichen, daß ich gezwungen war, den in der Gift-Dinte ertrunknen Aufsatz zurückzufahren auf Weimars Boden, wo ich damals lebte, ihn wieder durch Not- und Hülfs-Tafeln ins alte Leben zu bringen und ihn dann mit alten Gliedern aus dieser Musenstadt mittelst des

»*Weimarschen Taschenbuchs*« in die Welt und nach Berlin zu schicken und vor den ersten Zensor und vor jeden künftigen.

Niemand nahm Anstoß am Spaß; folglich war nur Herr v. L. der einzige Anstoß, der zu meiden gewesen.

Auch ist dies ein unverzeihlicher Fehler der Zensoren – hier wäre Herr v. L. wieder zu nennen, wäre man weniger sanft –, daß sie Striche (Streiche) machen durch das Privat-, Geistes- und Publikums-Eigentum eines Manuskripts, ohne nachher dem Autor oder Verleger davon ein Wort zu sagen. Himmel! ihr dürft dies nicht! Wenn durch sein Ausstreichen ein Autor klüger aufzutreten hofft: so lasset ihr Maschinengötter ihn durch eures als Widerspiel erscheinen! Ihr raubet Autoren den wenigen Zusammenhang, den sie noch unterhalten in ihren Werken! – Nach den Juden wird jeder verdammt, der nicht höflich ist gegen Gelehrte; wie viele Zensoren werden nun selig?

Quando, wann? – Im neunzehnten Säkul.

Quibus auxiliis, durch welche Hülfen? – Durch die besten Zensur-Gesetze, welche durchaus nichts erlauben »gegen Staat, Sitten, Religion und Einzelne«; – vier Worte, die das corpus juris der Zensur, nämlich dessen Pandekten, Institutionen, Novellen und Kodex, schön befassen. Eine ähnliche *moralische* Heils-Lehre und Konkordien-Formel sollte gedruckt erscheinen, bloß mit den Worten: handle trefflich! – desgleichen eine so zusammenfassende *Ästhetik* – mit den Worten: schreibe trefflich! – Da die obigen Gesetze der Zensur durchaus so alt sind als alles Schreiben selber: so ist bloß das einzige Neue nachzubringen, was sich auf die Anwendung derselben, die nach Örtern, Zeiten, Menschen wechselt, bezieht, weil jede Zeit über die Verbote der vorigen lacht und weggeht.

Aber wie schwer ists, der Luftreinigkeitsmesser des Luftkreises eines Säkuls und Volks zu sein! Wie genau muß ein Mensch nicht nur seine Pflichten, sondern auch seine Leute kennen und besonders das Manuskript neben sich! –

Damit beschließet gegenwärtiger Verfasser die dissertatiuncula pro loco und wiederholt die Bitte um ein Zensor-Amt. Er wollte aber im vorigen Absatz zu verstehen geben, daß er sich bloß um das kleinste bewerbe; nämlich er will den Zensor-Posten nur bei seinen eignen Schriften bekleiden, da er zu viele gedruckte zu lesen hat, um andere geschriebene durchzugehen als die seinigen. Diesen Posten versieht er, wenn er ihn ersteigt, spielend nebenher unter dem Schreiben der Werke selber, gleichsam mit *einem* Gesäß zugleich auf dem Richterstuhl und auf dem Geburts- und Arbeitsstuhl das Seinige tuend – Sein moralischer Charakter, der seine vielen Werke regiert, ist bekannter als der irgendeines Zensors, welcher noch nichts verboten hat – Man kann, lässet er etwas gegen die Zensur passieren, ihn, wie jeden andern Zensor, zur Rechenschaft und Strafe ziehen – Er steht (nach bloßen Vermutungen) seinem Ämtchen besser vor als jede Fakultät, die auch zensiert; denn außerdem, daß er nichts weiß von Parteilichkeit wider sich, hat er, da er vierteljährlich nicht mehr zu zensieren braucht als höchstens anderthalb Alphabete (Fakultäten aber so viele 100), stets die Vermutung für sich, daß er das Manuskript gelesen habe, das er schreibt und erlaubt – Das Fach, worin der Autor arbeitet, ist gerade sein eignes, und er wird per pares gerichtet, ja per parem – Er kundschaftet, was ein fremder Zensor schwerer kann, die feinsten Absichten und Schliche des Verfassers aus von ferne und hat ihn vielleicht ziemlich weg – Er kann, was kein fremder Zensor vermag, darauf sehen, daß nach dem Imprimatur nicht etwa noch Gift hinein korrigiert werde in die allgemeine Arzenei – Er haftet der Welt und der Obrigkeit für seine Zensur mit einem Namen, der wenigstens so bekannt ist als mancher fremder Zensors-Namen, der nie drei Zeilen geschrieben, obwohl viele ausgestrichen.

Allerdings gelten diese Gründe auch für die meisten andern Autoren; ein Werk, das sie schreiben, ist zugleich Vokation und examen rigorosum genug, um sie beim Zensurkollegium ihres Werks anzustellen mit der bloßen Besoldung des Zensiergroschens. Da hoffentlich die Zeiten nicht mehr sind, die einem Ramus verboten, seine eignen Sachen zu lesen, damit er ihnen nicht etwa beifalle: so überkommt jeder Verfasser von unsern Obern jede Freiheit, sich selber zu lesen (wie man ihm denn sogar ein verbotenes Manuskript zurückgibt); und mithin kann er durch ewiges Wiederlesen recht gut finden, wo er nichts taugt, und sich zensieren bis zum Verbieten. Vom deutschen Reiche ist keine Einwendung gegen das Selber-Zensieren – Selber-Rezensieren ist schlechte Nachäffung – zu besorgen, da es ähnliche Verkettungen schon in seiner Konstitution heiligte. Ists denn schwerer, daß ich zugleich meine Manuskripte schreibe und zensiere, als daß ich z. B. zugleich als deutscher Kaiser und folglich – denn ich regiere auch als böheimischer König – als dessen Reichs-Erbschenk (bei den Goten bekannter unter dem Namen comes Scanciarum, bei den Franzosen aber als Echanson) während meiner Krönung dastehe und handle? Denn muß ich nicht in derselben Minute, wo ich als Kaiser zur Tafel sitze, als Erbschenk zum Springbrunnen sprengen und einen Silberbecher mit weiß- und rotem Weine daraus schöpfen, um ihn zu Pferde dem essenden Reichs-Oberhaupt zu bringen, das ich doch eben reitend selber bin? – Wenn gleichwohl jeder sich getrauet, dieses Doppel-Amt des Essens und des Trinkens allein und zugleich zu verwalten – niemand bittet sich zwei Vikarien des Reichs dazu aus –: so ist nicht abzusehen, warum man nicht zugleich der Repräsentant eines Richters und eines Gerichteten sein könne.

Soll ich nun zusammenfassen, was die ganze Abhandlung meinte und suchte, so ists dieses: Ihr Fürsten, setzet in diesem Jahrhundert fort, was ihr so schön im Nachsommer des vorigen angefangen, nämlich die große Freilassung der freigebornen Gedanken! Ihr selber gewannt schon geistig durch Geister; denn noch nie schloß in Europa ein Jahrhundert einen Fürstensaal so voll von guten Regenten hinter sich zu als das vorige lichte. Ihr, die ihr doppelte Ebenbilder Gottes, als Menschen und als Fürsten, sein wollt und sollt, ahmet ihm in dem Geschenke der moralischen Freiheit nach, das er sogar in der Hölle austeilt! – Ihr dürft weit mehrerers bestrafen als verbieten, so wie nichts verbieten, was ihr nicht bestraft. –

Es gibt zweierlei ganz verschiedene Güter, deren Aufopferungen ihr nur auf die Gefahr einer Umwälzung verwechseln könnt. An Güter, von welchen dem Staate irgendein Teil geopfert werden muß, z. B. Vermögen, Vergnügen, sogar körperliche Freiheit, könnt ihr, so wie euch Einsicht, Gewissen und Zeit rechtfertigen, die Forderung großer und kleiner Opfer machen. Aber es gibt drei Güter, gleichsam drei Himmel, welche nichts sind, wenn sie nicht *ganz* sind, und aus deren vollendeten Himmelskugeln kein Demant-Splitter auszubrechen ist, nämlich Wahrheit, Sittlichkeit und Kunst. Jeder fühlt sich verächtlich, wenn er etwas, was er zu dieser Dreieinigkeit zählt, lieber aufopfert als sich. Verordnet also schwere Opfer, welche den Geber nicht schänden, ja ihn ehren – sogar Rekruten- und Matrosenpressen, Diktaturen, gezwungne Anleihen, Kriegssteuern, britische Abgaben, einkerkernde Pest-Kordons –: ihr werdet bloß für das personifizierte oder wiederholte Schicksal angesehen, welchem nie vorzuschreiben ist, wie viel es nehmen kann, da es doch etwas nehmen muß – die Unterwerfung ist größere Ehre als die Widersetzung – und daher werden alle diese Bürden der Welt und Zeit lang und stumm von Völkern getragen.

Nur aber komme keine zweite Last auf jene! Nur opfere man nicht wieder den Geist, der Körper opfert, und werfe auf den Opferaltar nicht den Opferpriester selber! Denn dann ersteht und ergrimmt der alte Gott im Menschen und fragt, wer ihn herabziehen wolle; ihn, der von keinem Engel und Neben-Gott Befehle annimmt, weil er sagt und weiß: wodurch ich bin, dadurch seid ihr und der Rest.

Wie könntet ihr eine Freiheit verbieten, deren Dahingebung (im Gegensatz anderer Güter) nur Schwäche verriete, wie die Verteidigung nur Kraft? Denn Wahrheit, Sittlichkeit und Kunst werden sogar vor dem Schicksal behauptet und angebetet, und der Mensch sagt: »Was auch Übels daraus entspringe, ist nicht meine, sondern des Universums Schuld.« Könnt ihr denn mächtiger fodern als ein Gott und die Welt? –

Wenn ihr aber doch mehr fodert, so sind nur zweierlei Übel möglich: entweder ihr siegt, oder ihr werdet besiegt. Ist das letztere, so kennt ihr die Geschichte, die alte und die neueste, und den Satz, daß die Vulkane nie mehr Feuer auswerfen, als wenn langes Regenwetter sie hatte ersäufen wollen.

Aber ihr siegt gewöhnlich, wenigstens für Zeiten; – d. h. wenn aus Haß Julian den Christen und die griechischen Gesetzgeber den Sklaven die Freiheit der höhern Ausbildung vorenthielten, so wird dasselbe aus eingebildeter Fürsorge verordnet – Ein Volk liegt als Scheinleiche da und muß hören, wie ihm die Gewalt den geistigen engen Sarg anmisset, und kann kein Glied dawider regen, nicht einmal die Zunge, indes andre Völker vor ihm frisch ihr Leben entwickeln und in einem Vermögen nach dem andern seine Sieger werden – ja sogar euer Lob gilt aus einem Staate nichts, dem die Freiheit des Tadels gebricht – Und noch dazu tritt irgend einmal die Zeit, die immer mit *schlafendem Auge* impft, plötzlich mit Blüten und

Früchten ihres Reisers vor euch oder vor die Welt, und dann ists schlimm, wenn man ihr bloß Dornenzweige zu entfalten gab.

Die Folge ist: ihr dürft jenen drei innern Grazien des Geistes, der Wahrheit, Sittlichkeit und Kunst, nichts verbieten und verscheuchen als deren Feindinnen, die drei Furien, Irrtum, Unkunst und Unsittlichkeit. Da sich aber die beiden ersten nur wechselnd und erst vor der *Nachwelt* entpuppen, entweder zu Grazien oder zu Furien: so müßt ihr ihnen die Freiheit geben, auf die Nachwelt zu gelangen. Hingegen die dritte allein, die sittliche Grazie oder die unsittliche Furie, dürft ihr kühn richten, bloß weil die *Vorwelt* sie schon gerichtet hat; nur über Sittlichkeit und Unsittlichkeit tönt die erste Stimme aus dem Paradiese einstimmig mit der letzten vor dem Weltgericht.

Wollt ihr also nicht die Enge einer persönlichen Bangigkeit oder einer persönlichen Unfehlbarkeit oder einer ästhetischen Vorliebe vor der Welt aufdecken: so gestattet alles, ausgenommen, was den ersten und letzten Zensor der Erde, das Gewissen, verletzt. Begehrt ihr zum Mute der freiesten Freilassung Freigeborner statistisch-glückliche Muster: so leset nur aus; – wollt ihr einen größten Staat: so erscheint Rußland – einen kriegerischen und ökonomischen: so erscheint der preußische – einen merkantilischen: so kommt Holland und England – einen kleinen: so Weimar und mehrere – einen vermischten: so Dänemark und Baiern – wollt ihr einen unglücklichen, geistig-seufzenden, dem alle Sonnen der Wahrheiten nur als ein trauriges Regengestirn aufgehen: so ist es freilich etwas anders; denn es ist eben der Staat, wozu keiner werden soll.

Der Himmel behüte uns immer durch euch, nie aber vor euch!

So schließt die Lokal-Dissertatiunkel. Da dieses Werkchen auch geschlossen werden muß – so gut wie jedes –, so weiß ich es nicht besser zu endigen als so, wie ichs anfing, nämlich mit *derselben* Dedikation. Hebt denn nicht dieselbe Venus eine gute ordentliche Sommernacht teils an, teils auf, nämlich als Hesperos und als Phosphoros? Ich eigne demnach zuletzt so zu, falls nicht neue Zensuren untersagen:

Gnädigster Herzog,

Sobald der Verfasser die letzte Zeile geschrieben, nämlich seinen Namen, so sendet er das Werkchen nach Gotha zu *Ihrer Durchlaucht* hinauf. Da dasselbe nun gerade der Sache am meisten bedarf, die es behandelt, nämlich der Freiheit: so wird es durch die, mit welcher es von Ihnen zurückkommt, den Widerschein des Musters tragen, den es braucht; diese dünne, blasse, scharfe *Mondsichel* von Büchlein wird (astronomisch zu reden) durch die gerade breite Stellung, die sie gegen Sie und die Erde zugleich nimmt, sich zum *vollen Lichte* ausbreiten, das einer Zeit guttun kann, über deren Himmel man mehr als 1001 Nächte hängen will, und noch dazu kalte; und die stößigen Mondhörner werden sich zu einer milden Scheibe runden. Nur ihre Flecken werden dann der Phantasie schärfer den Mann in diesem Monde abschatten, nämlich

Baireuth, den 2. Dez.
1804

Ihrer Durchlaucht
untertänigsten
Jean Paul Fr. Richter.

Über tredition

Eigenes Buch veröffentlichen

tredition wurde 2006 in Hamburg gegründet und hat seither mehrere tausend Buchtitel veröffentlicht. Autoren veröffentlichen in wenigen leichten Schritten gedruckte Bücher, e-Books und audio-Books. tredition hat das Ziel, die beste und fairste Veröffentlichungsmöglichkeit für Autoren zu bieten.

tredition wurde mit der Erkenntnis gegründet, dass nur etwa jedes 200. bei Verlagen eingereichte Manuskript veröffentlicht wird. Dabei hat jedes Buch seinen Markt, also seine Leser. tredition sorgt dafür, dass für jedes Buch die Leserschaft auch erreicht wird.

Im einzigartigen Literatur-Netzwerk von tredition bieten zahlreiche Literatur-Partner (das sind Lektoren, Übersetzer, Hörbuchsprecher und Illustratoren) ihre Dienstleistung an, um Manuskripte zu verbessern oder die Vielfalt zu erhöhen. Autoren vereinbaren direkt mit den Literatur-Partnern die Konditionen ihrer Zusammenarbeit und partizipieren gemeinsam am Erfolg des Buches.

Das gesamte Verlagsprogramm von tredition ist bei allen stationären Buchhandlungen und Online-Buchhändlern wie z. B. Amazon erhältlich. e-Books stehen bei den führenden Online-Portalen (z. B. iBookstore von Apple oder Kindle von Amazon) zum Verkauf.

Einfach leicht ein Buch veröffentlichen: **www.tredition.de**

Eigene Buchreihe oder eigenen Verlag gründen

Seit 2009 bietet tredition sein Verlagskonzept auch als sogenanntes "White-Label" an. Das bedeutet, dass andere Unternehmen, Institutionen und Personen risikofrei und unkompliziert selbst zum Herausgeber von Büchern und Buchreihen unter eigener Marke werden können. tredition übernimmt dabei das komplette Herstellungs- und Distributionsrisiko.

Zahlreiche Zeitschriften-, Zeitungs- und Buchverlage, Universitäten, Forschungseinrichtungen u.v.m. nutzen diese Dienstleistung von tredition, um unter eigener Marke ohne Risiko Bücher zu verlegen.

Alle Informationen im Internet: **www.tredition.de/fuer-verlage**

tredition wurde mit mehreren Innovationspreisen ausgezeichnet, u. a. mit dem Webfuture Award und dem Innovationspreis der Buch Digitale.

tredition ist Mitglied im Börsenverein des Deutschen Buchhandels.

Dieses Werk elektronisch lesen

Dieses Werk ist Teil der Gutenberg-DE Edition DVD. Diese enthält das komplette Archiv des Projekt Gutenberg-DE. Die DVD ist im Internet erhältlich auf **http://gutenbergshop.abc.de**

Zeitfracht Medien GmbH
Ferdinand-Jühlke-Straße 7
99095 Erfurt, Deutschland
produktsicherheit@kolibri360.de